知日
36

出版人 = 苏静
主编 = 茶乌龙
艺术指导 = 马仕睿 [typo_d]
总编助理 = 张艺

编辑 = 刘凯琳 / 沐卉 / 张田 / 张家欣 / 曹畅 / 杨萌萌
特约撰稿人 = 李一、戴宁 (东京)
特约插画师 = 林血血
特约摄影师 = 叶修
策划编辑 = 王菲菲 / 郝兰
责任编辑 = 郝兰
营销编辑 = 郝兰
平面设计 = 黄莹 / 宗明昊 [typo_d]

it is JAPAN

Publisher = Johnny Su
Chief Editor = Lonny Wood
Art Director = Ma Shirui [typo_d]
Assistant of Chief Editor = Zhang
Editor = Liu Kailin / Mu Hui / Zhang Tian / Zhang Jiaxin / Cao Chang / Yang Mengmeng
Special Correspondent = Li Yi / Dai Ning (Tokyo)
Marketing Editor = Hao Lan
Graphic Design = Ma Shirui / Huang Ying [typo_d]

特集

4　让创造性的大脑膨胀吧！
　　认真开脑洞，科学看世界

6　我们为什么对"虚构"着迷？

8　你的脑洞有多大？

14　浦泽直树　漫画是天生带有悲剧性的
　　interview　浦泽直树

30　石黑正数　日常化叙事里的奇思妙想
　　interview　石黑正数

38　菅原 SOTA　开启一场 5 亿年的脑洞
　　interview　菅原 SOTA

44　贰瓶勉　赛博空间里的科技游牧民

52　今日 machiko　梦的片段
　　interview　今日 machiko

60　keigo　社交网络就是我手掌大小的美术馆

68　日本动画人，向荒野进发！
　　interview
　　庵野秀明　吉崎响　井关修一

82　Space Dandy　向 X 次元延伸的无限可能

90　古泽良太　在剧情里安装定时炸弹
　　interview　古泽良太

98　野岛伸司　成年人无法寄居的脑洞

104　来自爱丽丝的邀请
　　跌入有栖川有栖的非日常冒险
　　interview　有栖川有栖

112　凑佳苗笔下的众生相

116　大森望　他与日本科幻的盛夏同在
　　interview　大森望

120　伊藤计划　假如死神多给他一点儿时间

124　一场海底的火山爆发
　　日本 SF 故事里的幻想与预言

130　谢谢你送我的，来自平行世界的礼物
　　interview　井上仁行

136　实用中二病词汇手册

别册

141　日和手帖　我们每日的面包

regulars

143　八卦日本文学史
　　八卦谷崎润一郎

148　吴东龙的酒店设计之旅
　　用历史时空堆砌成的
　　车站旅馆

154　施小炜 × 施依依
　　东京生活记事
　　第四回
　　认可他人的多样性，
　　可让自己获得自由

157　告诉我吧！日语老师
　　今日你"fit"了吗？

5　江户川乱步赏 / 虚横新闻社
111　空耳 / 完全潜行

图书在版编目（ＣＩＰ）数据

知日·脑洞 / 茶乌龙主编. -- 北京：中信出版社，
2016.8（2019.12重印）
ISBN 978-7-5086-6522-1

Ⅰ. ①知… Ⅱ. ①茶… Ⅲ. ①文化产业—研究—日本
Ⅳ. ①G131.34

中国版本图书馆CIP数据核字 (2016) 第 175912 号

知日·脑洞

主　　编：茶乌龙
策划推广：中信出版社（China CITIC Press）
出版发行：中信出版集团股份有限公司
　　　　　（北京市朝阳区惠新东街甲 4 号富盛大厦 2 座　邮编　100029）
　　　　　（CITIC Publishing Group）
承 印 者：鸿博昊天科技有限公司

开　　本：787mm×1092mm　1/16　　　　插　　页：8
印　　张：10　　　　　　　　　　　　字　　数：195 千字
版　　次：2016 年 8 月第 1 版　　　　　印　　次：2019 年 12 月第 4 次印刷
广告经营许可证：京朝工商广字第 8087 号
书　　号：ISBN 978-7-5086-6522-1
定　　价：59.00 元

特集 撰稿人

李一
80 后专栏作家,独立艺术策展人,前电通社成员,现定居东京,任东京艺术博览会(ART FAIR TOKYO)海外事业推进担当,对昭和时期文化及日本当代艺术有着深入研究和独到见解。

丁丁虫
原名丁子承。科幻文学评论者,科幻文学翻译者,尤其擅长日语翻译。网络杂志《幻动》、幻想文学评论杂志《边缘》编辑。

苏林
中文系研究生,撰稿人,迷恋拟像,沉迷游戏与漫画。

风蚀蘑菇
亚文化爱好者,热衷于有趣而无用之事。专注现代视觉艺术、文本阐述、美酒美食及旅游。运营有自媒体"蘑菇茶话会"。

塔塔君
男,广东人,以荒野为目标的在读大学生,动画和电影爱好者。正在自媒体"AnimeTamashii"上连载《寺山修司与动画漫画界》《丸尾末广＜少女椿＞的密话》专栏文章。

regulars 撰稿人

施小炜
学者,作家,翻译家。毕业于复旦大学外文系、早稻田大学大学院。现任上海杉达学院教授。

吴东龙
从事设计观察的作家、讲师、设计师,也是课程与书籍的规划者。在多面向的设计工作里,长期关注日本的设计场域,著有《设计东京》系列书籍,作品见于两岸三地。现在是东喜设计工作室、创意聚落"地下连云企业社"负责人。

施依依
生于上海,毕业于早稻田大学第一文学部,曾赴加拿大多伦多大学留学,现居东京。

刘联恢
旅居日本多年,现为北京第二外国语大学汉语学院教师,专职教授外国留学生汉语和中国文化,每年为日本京都外国语大学等学校的暑期访华团做中国文化讲座。

受访人

浦泽直树
漫画家,1960 年出生,1982 年获得小学馆漫画大赏出道。代表作包括《MONSTER》《20 世纪少年》,2003 年开始连载以手冢治虫的《铁臂阿童木》中的机器人为灵感的《PLUTO》。2008 年开始隔周连载漫画《BILLY BAT》。2014 年 11 月,由浦泽直树企划的节目《浦泽直树的漫勉》(以后简写《漫勉》)在 NHK 教育电视台播出。

石黑正数
漫画家,1977 年生,2005 年开始连载《即使这样小镇也依然转动》,2006 年开始连载《睡觉的笨蛋》,2008 年开始连载《外天楼》。2009 年开始连载《我家的街猫》,同时不定期开载《响子与爸爸》。

菅原 SOTA
多栖艺术家,CG 漫画家。1979 年生于东京。2000 年开始在《周刊 SPA！》上连载《我们的托尼奥酱》。近年来,通过制作 3DCG 作品,在广告、音乐、映像、动画等方面都非常活跃。

今日 machiko
日本漫画家、插画师。生于东京,毕业于东京艺术大学。2004 年开始在自己的博客"千年画报"上登载一页漫画,现已出版《mikakosan》《cocoon》等多部漫画作品。2015 年,《草莓战争》获得了日本漫画家协会大奖。

庵野秀明
动画导演、khara 董事长。1960 年生于日本山口县。代表作包括《新世纪福音战士》《不思议之海的娜迪娅》(ふしぎの海のナディア)等。2006 年成立动画制作公司 khara,日本动画(人)博览会的发起人和总制作人。

吉崎响
动画导演,1980 年生于东京,隶属 Khara 动画制作公司。曾参与过《新世纪福音战士新剧场版：Q》的制作。

井关修一
角色设计师,毕业于东京艺术大学,隶属 Khara 动画制作公司,《ME！ME！ME！》的原画担当。

古泽良太
生于 1973 年,毕业于东海大学文学部,日本著名编剧、戏剧家。曾获得包括日本电影学院奖最佳编剧奖在内的诸多奖项。代表作包括日剧《相棒》《铃木老师》《Legal High》《约会～恋爱究竟是什么呢~》,电影《永远的三丁目的夕阳》《如月疑云》《寄生兽》等。

有栖川有栖
日本推理作家,1959 年生于日本大阪,同志社大学法学部毕业。代表作有《双头恶魔》《第 46 号密室》《马来铁道之谜》等。

大森望
原名英保未来,生于 1961 年,毕业于京都大学文学部美国文学专业。日本 SF (Science Fiction,科幻小说) 翻译家、评论家、编辑,翻译过包括菲利普·迪克、康妮·威利斯等诸多 SF 作家的作品。

井上仁行
设计师。PANTOGRAPH 工作室所属,以立体造型设计为主,其作品广泛出现在广告、杂志、CD 封面上。所制作的短篇动画系列曾在 2011 ～ 2012 年连续获得美国 DAVEY AWARDS 金奖、银奖。

特别鸣谢
●小学馆《Bigcomic Sprits》●讲谈社《Morning》●Khara ◎浦泽直树 ◎石黑正数 ◎菅原 SOTA ◎贰瓶勉 ◎今日 machiko ◎keigo ◎庵野秀明 ◎吉崎响 ◎井关修一 ◎古泽良太 ◎有栖川有栖 ◎大森望 ◎井上仁行

联络知日 ZHIJAPAN ●订阅、发行、投稿、建议、应募⇨zhi.japan@foxmail.com ●微博⇨@ 知日 ZHIJAPAN ●微信⇨zhi_japan ●豆瓣小站⇨http://site.douban.com/113806/ ●商业合作洽谈⇨(010)67043898 ●发行支持⇨中信出版集团股份有限公司,北京市朝阳区惠新东街甲 4 号,富盛大厦 2 座,100029

特集●
脑洞

知日 36
it is JAPAN

❶⇨ 創造的な脳の妄想を膨ら
ませよ！

让创造性的大脑膨胀吧！

张家欣 / text

❷⇨ まじめに妄想して、科学
的に世界を見る

认真开脑洞, 科学看世界

曹人怡 / edit
林血血 / illustrate

江戸川乱歩賞

江户川乱步，本名平井太郎，是日本推理小说的奠基人，其笔下最负盛名的侦探角色"明智小五郎"就是《名侦探柯南》中"毛利小五郎"姓名的由来，而"江户川柯南"的取名也是来自于平井笔名姓氏"江户川"。设立于 1954 年的"江户川乱步奖"，是用江户川乱步所捐赠的资金作为基金，由日本推理作家协会所颁发的侦探小说奖。一年一届，获奖的新人除了能够得到江户川乱步像，以及 1 000 万日元的奖金外，获奖作品还将由讲谈社出版。后来，富士电视台也成为赞助商之一加入了奖赏行列，因此，从 1992 年的第 38 届江户川乱步奖开始，获奖作品也将被拍成电影或电视剧。同时，获奖作家之后的新作，也将受到讲谈社的大力推荐。日本推理小说界的传奇组合"冈嶋二人"曾说："有的作家在获得直木奖后只是昙花一现，但在乱步奖这里，不会有昙花一现之说。"现在，乱步奖作为日本推理小说界的最高奖项，已成为新人们跻身日本推理小说界的进身之阶。

虚構新聞社

这是一个网站名为"虚构新闻"的网站，虽然看上去与一般新闻网站无异，但这个网站上的报道，大多是根据新闻事实进行部分虚构，一不小心就会上当。网站创办者曾是一位课外培训机构的讲师，他希望借此有更多人关注现实社会所发生的事情。 因为每一条新闻都是在"一本正经地胡说八道"，所以也有过因自己写的虚假消息后来反倒成了现实而向大家道歉的经历。网站自 2008 年开始运营至今，社员只有站长一人。他所编写的新闻从国际到社会，从文化到运动，发布到推特上也骗过无数人。2010 年，《号外！虚构新闻》单行本出版，到现在，虚构新闻社已经有了自己的 APP，还在第 16 届文化厅媒体艺术节上被选为推荐作品。

字研
{ 江户川乱步賞 }
{ 虚構新聞社 }

沐卉、周姝琬 / text

なぜ、われわれはフィクションの世界に引き込まれるか？

我们为什么"对虚构"着迷？

"脑洞"一词,派生自日语中的"脑内补完"（脑内補完）。"脑内补完"原本是宅系用语,是对于ACG（英文 Animation、Comic、Game 的缩写,是动画、漫画、游戏的总称）作品中作者未直接提供信息的恣意想象与补完的行为。"脑内补完"不仅是对作者本意的猜测,更是对作品进行的一次颠覆性的二次创作。这种由二次创作者援引原作中的部分设定的重新创作的形式,在二次元圈已经流行多年,随着二次元文化进一步向大众渗透,在互联网文化中催生出"脑洞"一词。"脑洞大"成为"联想力丰富"的代名词,使用范围也超越了原本的 ACG 领域。

"脑洞"虽然不是直接来源于日本,但多年来,日本人在虚构创作中的"脑洞大开",却一直在拓展着我们脑洞的边界。不管是漫画、动画、游戏,还是影视剧和小说,在虚构创作中,可以看到这个国家丰富的想象力,以至于我们想要掰开日本人的大脑,看看里面的构造如何。

我们为什么对"虚构"的事物着迷?在虚构的世界中,我们随着登场人物的言行喜悦、愤慨、惊愕、感动。透过情感的起伏,我们得以获得作为人的感受,找到确证我们人生丰富性的钥匙。

作为虚构大国的日本,有一群怎样的创作者?
他们在描绘怎样"不存在的世界"?
日本的内容产业为何会孕育出如此丰富的虚构创作?
其背后又有怎样的规则?

我们对日本的漫画、动画、小说、日剧等领域的虚构创作进行了一番探究,近距离与虚构大师交流,在叹服他们作品的"脑洞"的同时,我们总是能感觉到,他们创作背后无法遮掩的热情。或许,这才是激发一切脑洞的原动力。

《知日》编辑部

Group Interview

自分の脳内世界はどの
くらいひろいでしょうか？

你的脑洞有多大？

曹人怡、沐卉、张艺、张家欣／interview

王溥

电影分镜作者、人气漫画家

你对脑洞的定义是什么？

一句话定义的话，应该就是跳跃的思维方式吧。具体的表现倒是可以描述：如在厕所发呆的时候，看见瓷砖上的裂痕或者污渍就能联想到一些图像。

寂地

绘本作家

你对脑洞的定义是什么？

没有在现实世界里发生，但我们却能体会到其中情绪的都算脑洞，比如被害妄想症就是脑洞的一种。（笑）在我看来，脑洞的同义词就是想象力。

你觉得自己的脑洞大吗？

自从出现脑洞这个词后，常有人说我脑洞很大。很小的时候我看了喜欢的动画片，就会编故事幻想自己也在动画片的世界里，和喜欢的人物们一起去冒险。有点儿像现在的同人故事，只不过主角是我自己。现在我是一个画故事的人，我想要脑洞够大才能胜任这份工作。;）

你最喜欢哪一种风格的脑洞？

电影、小说还有绘本都是我最喜欢的脑洞，创作者创造了一个想象的世界，然后将它们变成了我们能用眼睛看到的东西，这是这个世界最常见却又最美妙的魔法。其中，我最喜欢能创造出丰富的角色，却又能让每个角色按自己的思考方式和命运前进，最后角色们都像音符一般鸣奏出和谐动人曲调的脑洞。

你觉得日本人的脑洞有什么特别之处？

日本人的脑洞非常可爱！他们的性格比较内向，所以创造出来的脑洞有很多是对日常生活的夸张投射，他们内敛的情绪常在心中奔腾，对生活中美好的细节能体会得很深。比如村上春树的作品，能写出熟悉生活中荒唐的怪异感，让人产生共鸣并为之悲伤快乐，他特别的脑洞发出的脑电波触动了读者的心。

人物、剧情、故事……最终在腿麻的同时把自己感动哭了之类。这种灵光乍现，好人脑洞大叫灵机一动，坏人脑洞大叫贼起飞智，大概就是这个意思。

你觉得自己的脑洞大吗？

我自己（哈哈哈）一开始不是很大呢。在创作芝麻狐漫画的过程中，每设计一个角色，都是自戳一个脑洞（有一些是被戳）。脑洞的数量也是积少成多的过程吧，从蜂窝煤形态升级到筛子状了。（严肃脸）脑洞大不敢说，不过确实喜欢瞎琢磨吧。最近偶尔把文物画成活泼的小动物的样子，像是虎食人卣、陶鹰鼎，发现很多网友顿时对肃穆的文物也产生了好感。

你最喜欢哪一种风格的脑洞？

图形图像类的吧，数字和文字的不太懂。（挠头）作者创作时就有极强的想象力，同时给观察者留下想象的空间，不是单向的传达。比如齐白石先生的《蛙声十里出山泉》画面中只有一道急流和六条蝌蚪，但是已然给看画人身临其境（还不用画青蛙，好机智）的感觉。同样脑洞很大的画家还有黄永玉先生的《老鼠牛 B 之一》："我把老鼠夹子当健身器"，等等。

你觉得日本人的脑洞有什么特别之处？

感觉"11 区人民"的脑洞确实有特别之处。关注比较多的就是日本动漫界，从题材到情节到表现形式，无时无刻

不在开脑洞的状态吧。另想到，芥川龙之介晚年在动荡的年代里，写出虽然充满讽刺和绝望不安，但是却是脑洞大开的《河童》，这样的例子简直举不胜举。

韩松
科幻作家

你对脑洞的定义是什么？

自然就是一个洞，是通往其他世界的一个奇妙的洞。它能够把那个非现世经验世界的东西，经由这个洞，输送到我们这边来。当然它不是物质的，而是

精神上的。它在精神上颠覆既有的东西。脑洞就是思想的反叛。

你觉得自己的脑洞大吗？

不算大。想得都比较近。2000 年我在小说《火星照耀美国》中，预言纽约世贸双子塔要被恐怖分子炸毁，美国要发生金融危机。结果发生了。2008 年我写小说《高铁》，预言中国高铁动车发生灾难，结果也发生了。我还写过一篇小说叫《乘客与创造者》，写一架波音飞机永远在黑暗中飞，谁也找不到，再也没有着陆。

你最喜欢哪一种风格的脑洞？

我比较喜欢那种有科学技术依据的脑洞，理性基础上的，既在情理之中，但

又出人意料，有一种金属的酷感。最好是从最简单的道理推演出来的，越简单越好。另外有些暗黑的、阴郁的、世界末日一般的。

你觉得日本人的脑洞有什么特别之处？

日本人的脑洞特大，让人吃惊。他们的科幻小说许多要比中国写得强。有个叫伊藤计划的日本人，写人们可以用语言来制造恐怖主义，预言的场面跟现在世界上很多地方发生的一模一样。另外日本人设计的宇宙也跟我们的或者美国人的不太一样。他们的脑洞细腻而怪异，极端而柔情。

夏目家的小诗哥
人气博主

你对脑洞的定义是什么？

想象力过于丰富的一种形容，个人理解为一个人的脑容量要比平常人大，思考的范围和内容已经超出了正常的范畴，天马行空的妄想和各种走马灯一样的剧情仅仅靠着想象就能达到自我满足，但是大部分人都是脑洞很大，但缺乏行动力。

你觉得自己的脑洞大吗？

比起普通人还算是脑洞大开的那一类，因为从小喜欢摆弄电器，学生时代是电子相关专业，做过一些妄想可以接收到奇怪电波的半导体，亮灯的雨伞，会唱歌实际上很扰民的手动门铃这样毫无意义的小发明。（笑）因为脑洞开了想做什么就试着做了，当时还得到老师的帮助和支持。

你最喜欢哪一种风格的脑洞？

漫画类的脑洞，我是个老漫迷，尤其喜欢猎奇和天马行空神剧情的漫画，比如古屋兔丸、吉富昭仁、石黑正数的作品。尤其是石黑老师，你永远不知道接下来的剧情会发生什么，每一话都是神展开，虽然脑洞深不可测，却又能用严谨的设定和剧情走向来解释这一切，这是我非常佩服的。

你觉得日本人的脑洞有什么特别之处？

刚接触网络就通过搞笑网站接触到各种日本人奇葩的小发明和机器人之类，觉得很有趣，也感慨过日本人的想象力真丰富啊，但是总体上，日本人的脑洞还是较为严谨和保守的，会用实践和理论来证明，还有些一本正经的无厘头，就像一个西装笔挺的男人严肃地和动物对话的奇妙感。

Tango
漫画家

你对脑洞的定义是什么？

其实我不知道脑洞这个词的出处在哪里。我现在被人形容"有出人意料的创意"。如果能这样解释的话，这应该就是脑洞吧，也就是你想到了别人没有想到的东西。

你觉得自己的脑洞大吗？

我觉得自己的脑洞不大，脑洞大的人处处都是。

你最喜欢哪一种风格的脑洞？

我最喜欢无厘头的风格，我觉得日本人把无厘头的风格做得很彻底很完美。我很喜欢网络上的日本插画家keigo，他把生活中司空见惯的事物用另一种概念来联想，完全出于即兴，亲切、出人意料，既有意义，又没意义。

你觉得日本人的脑洞有什么特别之处？

日本人能将生活中平淡的事物赋予新的概念，会产生很多出人意料的创意。

周鱼

编剧

你对脑洞的定义是什么？

正儿八经地回答，我知道脑洞是"脑补"的衍生词，"脑补"是指对未出现信息在脑内进行补充。那脑洞的意思大概就是指脑袋破了个洞，需要用超强的想象力来填满，所以脑洞大也就变成了形容一个人想象力非常丰富的词语。当然，如果我开个脑洞来定义的话，脑洞的定义也可能是脑子的水容量。

你觉得自己的脑洞大吗？

大，有时候感觉整个太平洋的水全灌到我脑子里去了。

你最喜欢哪一种风格的脑洞？

关于灵魂和时间的脑洞。之所以感兴趣，是因为这是我最想了解的两个领域，无论是科学还是玄学，对此都做出了一定程度的解释，尤其是近些年的文学影视作品，大量内容都对此做出了脑洞大开的设想，但我觉得还远远不够，所以想看到更多关于这两个领域的脑洞。

你觉得日本人的脑洞有什么特别之处？

众所周知，日本人的脑洞天马行空，开得很大，我个人觉得他们的脑洞有个显著的特点是注重纵向的挖掘，就一个问题可以脑洞开得很深入。除此之外还非常注重逻辑，所以日本的本格推理界人才辈出。

河童

前动漫品牌副总监、Coser

你对脑洞的定义是什么？

我所理解的"脑洞"，并不是凭空幻想，而是大脑右半球在放空或超载等极端状态下，对远古知识储备的一种潜意识调用。（本答案由脑洞产生。）

你觉得自己的脑洞大吗？

我觉得自己脑洞应该算大的吧，我做梦梦到过地外文明的侵略方式，梦到过大洪水、大地震的末日景象，梦到过自己没读过的经卷和乐谱，还曾经用一首梦中的旋律写成歌，拿了大学里的全校十大歌手奖，最近也正准备把一段梦里的完整故事写成小说。

你最喜欢哪一种风格的脑洞？

我比较喜欢超自然、古文明等领域的脑洞，偏向典籍、预言的故事风格。

你觉得日本人的脑洞有什么特别之处？

我倒是不觉得日本人的脑洞有什么特别之处，可能是他们的一些"绅士"行为被我们放大了吧，其实从接触中能感觉到日本是一个很草食性的民族，他们的核心思维方式甚至比中国人更传统，这是受价值观和信仰影响的，这样分析的话，我觉得泰国才是一个可能会产生比较特别的脑洞的国家吧。●

「画《MONSTER》最后的部分的时候，想着这个叫约翰的青年到底是谁，从哪儿来，一直抱着会变成什么样子，在心里采访约翰的感觉来画。」

——漫画家 浦泽直树

浦沢直樹
漫画は悲劇的なものだ

浦泽直树
漫画是天生带有悲剧性的

李一 / interview & text

小林夏美 / support

叶修 / photo

小学馆《Bigcomic》、讲谈社《Morning》 / picture courtesy

"我没想过成为漫画家。"

"我画画时没有考虑读者的感受，

我自己画的漫画首先要过我自己这关！"

"别人推荐的东西没有让我觉得好的。"

漫画家浦泽直树在回答问题的间歇总是会沉默很久，

我不知道我是否该继续提下一个问题，

而面对如上的回答，

我也有些猝不及防，

我们的对话是如何变得如此激烈的呢？

a.
浦泽直树在目黑的
住宅兼工作室接受
了《知日》的专访。

b.

b,c.《YAWARA!》设
定原稿。
©Naoki Urasawa/
Studio Nuts/
Shogakukan
d,e.《Happy！》中
的运动场面。

"接受我的慈爱吧！！
然后从我的光荣之路
上永远地消失！！"
f. 手冢治虫漫画摹写
"盗贼之诗"部分。
©Naoki Urasawa/
Studio Nuts/
Shogakukan

c.

说他不需介绍，是因为几乎人人读过他的作品；说他需要介绍，是因为几乎没有可寻的中文的官方或正式的采访文章可以帮助我们了解他。而国内除了少数有着留学背景和人文关怀的志愿者们翻译着漫画、视频和一些相关报道，却几乎没有人真正了解他的作品。

有人说他的作品像电影一样过瘾，但是他的作品中却鲜有单纯的善与恶。长篇连载给了我们深挖每个角色内心的时间。这个过程要比看多少遍电影而产生的理解更具有连续性。

研究资料显示，一个人一生中的创造力巅峰期是在 4 至 10 岁之间，过了 10 岁后，创造力即相对减弱。

1960 年出生在东京的浦泽直树恰恰在这个年纪展开了自己的丰富想象力，而不同的是，他借助自己的想象翅膀和当时日本的历史背景，早早地跨入了 21 世纪。他曾经在一篇采访中提到对于他们来讲，真正的 21 世纪是从 1970 年开始的。拜ケンヂ（kenji）所赐，如今人类平安无事地来到了 2016 年，直到今天浦泽的创造力仍然没有要枯竭的意思，采访中我们问道《BILLY BAT》（故事与长崎尚志共同创作）是否会成为他的收山之作，他明确否定，并告诉我们正在准备最新的连载。这不得不令人激动和兴奋。

从 1983 年出道到今天，他在自己 33 年的漫画生涯中，创造了一个又一个传世的角色和故事。有讲述原美国海军士兵成为民间军事组织教官协助民间的《终极佣兵》（パイナップル ARMY、工藤 kazuya 原作）；也有被称为漫画至宝的讲述原 SAS 队员、保险员和考古学家奇顿冒险故事的《危险调

d.

e.

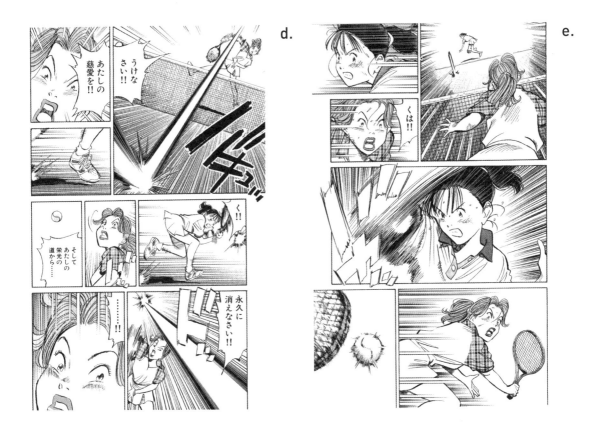

f.

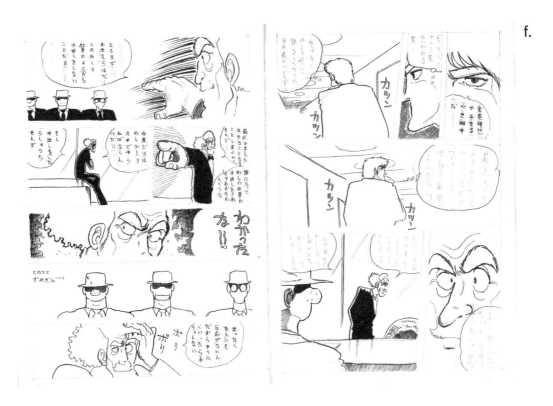

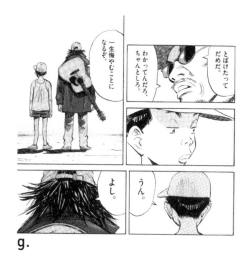

g.

h-1.

h-2.

查员奇顿》(MASTER キートン、脚本：胜鹿北星、长崎尚志、浦泽直树)；最终成为人气漫画范本，讲述女子柔道的热血漫画《YAWARA!》；更不用说最为经典的《MONSTER》《20世纪少年》《PLUTO》(浦泽直树×手冢治虫；制作：长崎尚志；监修：手冢真；协力：手冢 Production)和如今还在连载的讲述平行宇宙错综复杂的《BILLY BAT》。

虽然很多人诟病他的故事铺垫过长，结尾过于虚玄，不知所云，但你无法否认在阅读过一册之后，你已经完全被他带入了他架构的世界。相对于其他少年热血漫画中已经腻到作呕的羁绊、友情、升级打怪之类的套路，浦泽是一个绝不讨好的人，他开创的悬疑漫画用交错的对白来将人物暧昧亦正亦邪的性格展示得淋漓尽致，将文学的黯淡、关怀、忧伤融入画面，展示漫画可能带给我们的最高层次的享受。

g.《20 世纪少年》第7 卷第 7 话中的道歉场面。
"装糊涂可不行。你明白吧。会后悔一辈子的。"
©Naoki Urasawa/
Studio Nuts/
Shogakukan

h-1,2.《20 世纪少年》最终回中的打保龄球场面。
©Naoki Urasawa/
Studio Nuts/
Shogakukan

i.《20 世纪少年》第 20 卷第 8 话 原稿。
©Naoki Urasawa/
Studio Nuts/
Shogakukan

i.

j.

k.

j.《20 世纪少年》第
7 卷第 6 话 原稿。
"为了守护世界的
和平……"
©Naoki Urasawa/
Studio Nuts/
Shogakukan

k.《BILLY BAT》第
19 卷原稿。
©Naoki Urasawa
/ Studio Nuts,
Takashi Nagasaki /
KODANSHA

也因此, 这才有了诺斯二号和盲主人那不相望却慢慢成长的友谊, 才有了努力学会哭泣的机器人与天马博士的相拥, 才有了 511 幼儿之家秘密后的恐怖, 才有了ケンヂ在大阪世博会舞台前的演出, 才有了凯文·古德曼和年迈的山縣在西藏山洞中的重逢。

虽然我们知道他受到了手冢治虫、大友克洋、Moebius 的影响, 他的画技和对于场景的控制的确习得于几位前辈, 但是经过多年的磨炼他早已经自成一派。而在欧洲他也凭借欧洲漫画家所不擅长的故事内涵为自己竖起了一面大旗。

就是这样的人会给我什么样的惊喜呢?

特集 脑洞

interview ………………浦泽直树

"我希望我的作品是过了 100 年、200 年之后都能读的作品。"

浦泽直树

漫画家，1960 年出生，1982 年获得小学馆漫画大赏出道，1989 年以描绘女子柔道题材的漫画《YAWARA!》获得小学馆漫画奖。1993 年开始连载《Happy!》1994 年开始连载恐怖题材漫画《MONSTER》，1999 年开始连载《20 世纪少年》，2003 年开始连载以手冢治虫的《铁臂阿童木》中的"地上最大的机器人"为灵感的《PLUTO》。2008 年开始隔周连载漫画《BILLY BAT》。2004 年，《20 世纪少年》获得欧洲最大漫画节"昂古莱姆国际漫画节"的最佳长篇奖，2011 年，又凭借《PLUTO》获得同漫画节 intergeneration 奖。2014 年 11 月，由浦泽直树企划的节目《浦泽直树的漫勉》在 NHK 教育电视台播出。

端坐在主位的浦泽，穿着自己经典的搭配，短 Tee 配格子衬衫，最开始他双手交叉，眼睛直视前方，听着我们的问题。在这样一种微微有些尴尬的气氛中，我们的采访开始了。

知日 还记得出道时候的情景吗？

浦泽 说起出道，我最开始是准备去出版社应聘做编辑的，其实从小到大都一直没有想当漫画家的想法。以前我喜欢的都是些不怎么红的漫画，边读边想这样的话，我画漫画肯定也卖不好。我不想过那样贫穷的生活，所以不想当漫画家。面试的时候本来应该把简历交给前台，然后等着第一轮的考试，但我想既然来了，就让专业人士看一下我的作品吧，看看会得到什么样的评价。于是我就把画稿带到了楼上的编辑部给编辑看。因为我从 5 岁就开始画漫画，而那个编辑才刚刚入职第 2 年，从经验上我比他知道的多得多，当时就觉得：这个人在扯些什么啊？这种态度？！他说的内容和我预想的主流出版社的套话一模一样，后来我收拾好东西跟他道谢，正准备离开的时候，被《少年 Sunday》副主编叫住，他看了我的稿子说：这个不应该是《少年 Sunday》的风格，去《Big Comic》试试吧。于是我就给《Big Comic》的主编看了，结果反应跟《Sunday》的编辑完全相反，他觉得很不错。回家之后大概过了一周，对方打电话过来让我拿那个作品参加新人奖，我就交了，几周之后就得到了获奖的通知。因为没有想要当漫画家，对于出道有些犹豫，但因为是小学馆，感觉应该不用过贫苦的日子吧。从这里起步的话，可能会抓住一些东西。所以觉得先做一年看看，如果一年内没有起色的话就准备放弃。

知日 获得新人奖之后就开始《YAWARA!》的连载了吗？画体育漫画是你自己的想法还是编辑的主意？

浦泽 获得新人奖是 1982 年，《YAWARA!》的连载是 1986 年。在那期间开始画《终极佣兵》和一些短篇作品，最开始我本来是打算画一个以医院为舞台的比较严肃的故事。当时的编辑是一个爱看体育比赛的人，每次开会前，说到这方面的话题都很兴奋，然而一旦谈起医院主题的时候就变得很无聊的样子。这样几次之后，我也不知道当时自己是怎么想的，跟他说：不然就画个女子柔道漫画吧！于是对方的表情一下子就亮起来了。当时讲了 10 分钟的内容，基本上就是后来的《YAWARA!》的整个故事了。角色也都是当场画好的。在讲解的过程中，我就意识到这个漫画一定会成为人气爆棚的作品。

知日 你能预感到漫画会畅销，真的很厉害。

浦泽 这不是预感。我不是为了畅销才画的，而是把自己想的东西画出来，就知道会畅销，因为那是当时没有的东西。后来也真的大卖了。

知日 《HAPPY!》时期换了画风，《MONSTER》也开始连载，在当时的环境下，大家对《MONSTER》的反应如何？

浦泽 在《YAWARA!》完结的时候我就想画《MONSTER》了。但是编辑部说悬疑类的作品从来没有红过，求我不要画，希望再画一次以女孩子为主角的体育漫画。我当时就跟他实话实说，再画一次也不会红了，我会画出好的作品，但它已经不是漫画世界缺少的一部分了，现在缺少的是本格的悬疑推理类漫画。但是他们没有接受，所以我还是画了《Happy!》，虽然是跟他们想的不一样的作品。

真的开始画《MONSTER》的时候，编辑部依然嘴硬，说肯定要失败，让我做好在 4 卷以内完结的准备。所以开始我画得比较

l.

l. 对于浦泽这种悬疑类漫画作家来说，保密是最为重要的。摄像头和密码门禁必不可少，已经通过两道门但还没有见到本尊。楼道中除了浦泽本人的几幅作品外，还挂着若干幅法国漫画家Moebius 的作品，让我们还没见到大师之前已经对他的喜好有了一些了解。

急，在第 1 卷就浓缩进了很多内容，这一卷也因此变得非常有意思，读者反应也很热烈，最后一共画到 18 卷才结束。

知日 你会很在意读者的感受吗？

浦泽 倒不如说，即使想去考虑也不会知道读者到底会有什么样的感受。所以我只负责作品是否有趣。漫画是用各种对话来推进的，整页都是对白，不善于对白的人会觉得漫画没意思。但是擅于读对白的人就会感觉完全不同。所以把漫画交出去以后就全看读者了。比起读者如何解读，我只能关注在自己作画阶段有没有意思了。

知日 《MONSTER》可以说将你电影分镜头语言表现到了极致，分镜头的运用、创作的灵感和积累从何而来呢？

浦泽 我从 10 岁左右就喜欢看一些晦涩难懂的法国电影，比如早期的黑白电影类的作品，觉得很酷。应该是从这些观影中得来的经验吧，比如什么样的画面会比较酷，镜头在什么样的高度最合适，什么样的节奏更吸引人，我从记事起就看这些电影、小说之类的，逐渐积累起来了。要是现在特意去学习的话也是很难的。其中印象比较深的是《恐怖的代价》这部法国电影。《MONSTER》的一些灵感也来自这部电影。

知日 《MONSTER》中的东德，《20 世纪少年》中的空想昭和和《PLUTO》中的未来城市，世界观的设定是一次完成还是在连载中逐渐填充的？

浦泽 我不会写设定书之类的东西。不过构思故事的时候，世界观已经在脑子里

了。做《漫勉》的"五十岚大介特集"时，五十岚大介说：说得极端一点儿，其实想把角色都交给助手，自己只画背景。我很理解这种想法，就是想画"世界"。我的助手画背景基本上没有一次就过的，我至少让他们重画 3 次。如果不这样的话是不会接近我脑中的画面的。我应该是第一个把东欧的氛围漫画化的人。角色和世界应该是一致的，两个都画出来才是一部完整的作品。

知日 带有一定政治意味的漫画是否会将关注你漫画的人限制在一定范围内？

浦泽 对错、善恶是每时每刻都在变化的，不管是在中国还是日本，本来被认为是正确的事情几年之后就会变得完全相反，所以如果画当时认为正确的内容，几年之后可能就变成无法阅读的作品了。大概就是因为我不会明确地断定事物的善恶，所以才模棱两可吧。我觉得这个世界很少有可以被完全认定为正确的东西。

表现每个时刻的政治想法，会有失去普遍性的危险，可能明天就马上不正确了。对当时的政权的想法可能暂时是对的，但是在普遍性的角度来看就不对了。我希望

m.

我的作品是过了 100 年、200 年之后都能读的作品。虽然看起来采用了有话题性的内容，但是我会尽量不把每个时刻、每个刹那的答案写出来。

知日　创作文学性的漫画贯穿着你的整个职业生涯，悲剧的表现是目前的一贯风格，这样压抑的情结是否影响到了现实生活呢？

浦泽　"漫画是为了让人发笑"的这个概念是错的。手冢先生是现代漫画的始祖，但是他的作品就是悲剧，是从《罪与罚》开始的，他是托尔斯泰类型的作家。所以说漫画的本质就是悲剧，说到漫画性可能就是悲剧性。"漫"这个字会有让人开心发笑的意思，齐藤隆夫老师就很讨厌这一点，所以称之为"剧画"。如果说悲剧性的东西是跟漫画相反的应该不对，漫画从一开始就是悲剧性的。我也经常会被问到，在画一些悲伤的情节的时候，生活是否会受影响。但是悲伤的情景跟喜剧其实只有一线之隔，我们经常说"哭笑"，哭和笑是相邻的，比如参加葬礼的时候很难过，但是肚子饿得咕咕

响；或者很重要的人去世了，亲戚们却在一起谈笑。这些事情都是一体的，即使说是悲剧，笑话也就在旁边，而正因为有这些笑话，悲伤也更加被加深。所以我画非常悲伤的情景的时候也会哈哈笑，人的行为就是这样的吧。

画《MONSTER》最后的部分的时候，想着这个叫约翰的青年到底是谁，从哪儿来，会变成什么样子，一直抱着在心里采访约翰的感觉来画。以前听说一些心理学者在开导罪犯的时候会被对方影响，我也有过类似的感觉，最后的时候觉得有些不舒服。

知日　曾经看到采访说，《铁臂阿童木》中的"史上最大机器人"是最能感动你的一集，也是你画漫画的原点，当时的感受和现在的感受有什么不同吗？

浦泽　我读的时候大概是四五岁的样子，之后就没怎么读过了，因为我基本上不会重复读作品。所以 5 岁时的感受和印象就一直存留着，当时觉得世界上不会有比这个更悲伤的故事了，有种胸口一直被揪着

m. 4 个助手的工位上随处可以见到正在连载的《BILLY BAT》的原稿，对于漫画迷来说这就是最高的享受。而回头看看他和编辑正在讨论马上要上市的单行本封面，真是羡慕起了漫画编辑的工作。

n. 其中一面书架上摆放的漫画，除了《20 世纪少年》《PLUTO》《YAWARA!》《MONSTER》《BILLY BAT》等浦泽个人作，还可看到大友克洋的《AKIRA》、井上雄彦的《浪客行》（バガボンド）、岛本和彦的《青之炎》（アオイホノオ）等名作。

的感觉。我把当时的感受化为了《PLUTO》这个作品。如果问我现在再读原作有什么感觉的话，应该还是只有 5 岁时的感觉。那个时候的感受和得到的灵感是最重要的，之后就只是后来添加的了。作为大人来看，因为是儿童漫画，会有一些不足的地方，我画的是如果是自己的话，应该会这么画的部分，添加手冢老师没有表现出来的部分，会在自己的心里补充出来。

o.

p.

知日 《BILLY BAT》这部作品酝酿了多久？
浦泽 大概有 4 年吧，但是后来《Morning》的前主编每个月都会来我家，一起讨论创作一个怎样的作品，每次都有 2 小时左右。期间也有几个感觉比较有意思的点子，但是都不是可以连载好几年的内容，也积累了一些想法。到了第 4 年，突然浮现出了 BILLY BAT 这么一个角色，觉得可以创作一个以它为中心的故事，这 4 年里积累的内容也都可以用上。于是这个作品就成型了。

知日 《BILLY BAT》还有最后几话就要完结了，在这个过程中，你不但完成了创作一部《火鸟》一样作品的夙愿，还在漫画中多次预言且实现，《BILLY BAT》接下来真的要预言未来了吗？
浦泽 在画漫画的过程中，有好几次漫画成真的经历。怎么说呢，画周刊漫画的时候会保持紧张的状态，感觉性地捕捉世界上发生的事情，比如想象着：如果发生这种事会怎么样呢？结果真的在现实中发生了。跟别的漫画家聊天的时候，他们也表示有同样的经历。每周每周不断地画漫画应该是日本

人独有的工作方式，在这个过程中头脑变得太敏锐，可能感觉到了这些东西吧。因为漫画同时有画面和台词，会更加立体地呈现脑海里的景象，所以比较像预言。在我看来，占卜什么的因为不能回避才会被称为预言，说你会怎么样必然会怎么样，是无法避免的。在即使预言了也没什么用的情况下，人也什么都做不了，感觉比较可悲，所以想画呈现"人间力"的作品。

知日 同时连载几部长篇，如何保证扑在每一部作品上的时间，并让每一部作品都保持着足够的人气？
浦泽 只是单纯按照截稿日期来做时间表而已。一个个突破截稿日期。我们会提前安排好未来 3 个月的时间表。最多的时候每个月会有 6 次截稿日。每周一个作品的话是来不及的。《周刊 Sprits》的话大概会画 3 天半到 4 天吧。也许是因为这么紧张才会画出类似预言的内容吧。
　　作为职业漫画家，在截稿日期前交稿是必要的工作。在这种情况下，如果以勉强的态度交稿的话品质会不断下降，所以唯一重

q.

o. 虽然很多采访都会找出浦泽小时候的漫画和初中时候的作文来表现他成为漫画家的偶然和必然，但是这次采访获得了很多一手资料，这些流传坊间的

传说被证实的确只是传说。
p. 拿起画笔描绘《BILLY BAT》原稿的浦泽。
q. 采访过程中越来越放松的浦泽带着我们参观了他的家。

r-1.

r-4.

r-2.

r-5.

r-3.

r-6.

r-1. 采访之后，浦泽欣然答应了我们拍摄视听室的请求，将这一次采访的私密度增加了一个等级。视听室在二楼客厅的右侧，由单独一段楼梯引过去。

r-2. 走进视听室，除了大量唱片外，最引人注目的就是浦泽收藏的名琴了。

r-3. 房间只有两米高，两侧被黑胶架和CD架包裹。

r-4. 他最爱的果然还是鲍勃·迪伦。

r-5. 在角落里我们还发现了一只精致的猫王公仔。

r-6. 采访中浦泽的自信和高傲让人印象最深，这样的率真在日本人中的确少见，但沉浸在音乐中的他却如此真实。

r-7. 我们问浦泽现在收藏了多少唱片，他说早已经不去数了。

r-8. 我们张着嘴在房间中环视，浦泽兴趣使然，直接拿下墙上挂着的电影《20世纪少年》最后唐泽寿明使用的那把Gibson给我们弹了起来。（见下页）

r-7.

要的就是如何在紧迫的时间里绞尽脑汁地画出有意思的作品。到目前为止，我都没有交过无聊的作品，没有自己都觉得："这周不行啊"的作品。会一直坚持到最后，交出自己认为有意思，值得呈现出来的作品。虽然身体也因为这样强度的工作变差了，也宣称不再做周刊，但是还是会保证每个月画2个作品，这样一直持续也已经有10年了。

知日 制作《漫勉》的动机是你发现了日本漫画的一些问题吗？

浦泽 首先，这五六十年来，漫画一直在被人们误解。很多人无法区别漫画和动画。比如我的作品被动画化之后，会有人跟我说：动画化之后您很忙吧？当我说我并没有画动画的时候，对方就会很吃惊。在日本的国会上也会将漫画和动画相提并论，提到"作为日本的骨干文化产业，漫画、动画……"这样的话，连国会议员也没弄清自己到底在说哪一个。大家真的很不了解漫画。漫画是每天用手画出来的，但是总有人

问：这是用印刷做出来的吗？之前搬家的时候，搬家公司的大妈一边搬东西一边说：您是漫画家？是在画《龙珠》什么的吗？大家真的是完全不懂漫画。所以我在想应该从哪里开始解释的时候，就觉得只有先从让大家看到别人用笔画漫画的情景开始最合适。试着开始做之后发现，大家果然真的不知道漫画是怎么画出来的，都吓了一跳。所以我想做节目，首先让大家了解漫画是怎样的。还有，我们每天都在画大量的漫画，这其实是一场很厉害、很值得炫耀的表演，但是谁都看不到，所以《漫勉》就是希望大家重新认识到漫画存在的意义和价值。

知日 你音乐也玩得相当好了，为什么音乐没能成为你的主业？

浦泽 我对音乐的了解远远不及对漫画的了解。我觉得不管什么事物，如果没有达到我对漫画的了解程度都不能称之为了解。即使我努力学习音乐，觉得自己了解了，但是跟漫画比起来还相去甚远。

知日 如何平衡玩音乐和创作漫画的时间，平时有练习乐器的时间吗？

浦泽 差不多是每天一小时吧，有些练习如果达不到一定频度的话就会生疏。

知日 除了鲍勃·迪伦以外，有别的你比较欣赏的音乐家吗？

浦泽 喜欢Prince。他跟我是同龄人，到现在我都还不太能接受他去世了。

知日 有没有你喜欢的小说、电影或者音乐可以推荐给读者的？

浦泽 没有什么可以推荐的。我最近发现，别人推荐的东西没有让我觉得好的，还是自己发现的东西靠谱。比如别人推荐的曲子，我其实基本上也不会听，因为每个人的喜好都不一样。别人的推荐或许可以作为参考，但如果不是自己寻找和收集，建立起自己的体系的东西就不是很牢固。●

r-8.

石黑正数
日常化された物語の奇想天外

石黑正数
日常化叙事里的奇思妙想

苏林 / text

冯铄淳 / interview & translate

石黑正数 / picture courtesy

a,b. 石黑正数《即使这样小镇也依然转动》原稿。

当我们想要向别人推荐一部作品时，
我们通常都会面对如何
对一部作品进行评价的问题。
此时或许该直接提出
作品最精彩的内核，
然后用漂亮的修辞将之呈现。
但是，当面对石黑正数的漫画时，
这个方法受到了一定的挑战，
毕竟他的作品包含了太多复杂的成分，
绞尽脑汁对其进行概括，
得出的不过是一个"有趣"这样的词，
而这个词的内涵也未免太过宽泛，
以至于不够抓人。

a.

b.

单元剧式小故事。乍一听像是个日常系的推理漫画，里面需要解谜的也尽是些弟弟的笔记本为什么会写着奇怪的话之类的琐碎日常。但有时步鸟的际遇又非常不简单，她遭遇过货真价实的外星人，还因为被车（几乎）撞死，在天堂游历了一番。而这个小镇其实也不怎么平凡，小学的水槽里养着不明生物，街道上漫游着喜欢吐槽的幽灵老头儿，还时不时遇到研究所里逃出的不明生物……但有意思的是，所有这些神奇的事件，似乎都没有影响到这部漫画的日常感。在死后世界游历了一番的步鸟回到人间后，失去了自己在天堂里的记忆，反被自己在天堂里对友人做的灵异恶作剧吓得炸毛；外星人和幽灵则作为日常故事的余料，在大家以为主人公们的脑子已经解决了事件之后，再露出一种"她们的推断是对的，但是……"这样的笑容来震读者一下。藤子氏漫画的影响在此可见端倪，天马行空的未来发明进入平凡主人公的生活，它们通常被用于一些微不足道的小事，然后在一系列小事解决之后又让生活落回原来的日常轨迹。

《小镇》里那种在充满日常感的讲述之中灌注奇思妙想的风格或许能够代表石黑作品的一方面特色。作为一个看着藤子不二雄的作品长大的人，石黑的漫画有着比较明显的老派漫画的风格。在度过了藤子陪伴的童年之后，他又受到了大友克洋的影响，《AKIRA》带来的震撼让他对科幻题材尤其钟爱。而在他要踏上职业之途前，他看到了小原慎司的《菫画报》，这部漫画整合了藤子不二雄的生活情调和大友克洋的科幻奇思，里面的推理内容又和石黑幼年被表哥带着玩侦探游戏的经历相应和，让石黑当即觉得"想画出这样的故事"。而他也确实如是践行了，《小镇》在某种程度上确实和《菫画报》气质相接。

在这些阅历的影响下，石黑正数那科幻、日常、推理相融的特色形成了。调和起这三者的，或许就是他那一方面天马行空，另一方面又很接地气的脑洞。石黑的早期作品尤其是短篇作品之中固然并不乏特摄英雄、魔法少女、吸血鬼之类的老生常谈，但他并没有和大多数的漫画家那般把自己丰富的脑洞用于绚丽的战斗，而是把奇思投注在英雄们背后的柴米油盐里，并用自己那一贯带点儿黑色幽默的笔调揶揄了种种虚构作品里

小镇的
怪诞日常

让我们暂且避开过分生硬地一开始就对他的作品总体做出总结，先来具体看看石黑写的故事吧。他连载时间最长，或许也最为人知的作品是《即使这样小镇也依然转动》（それでも町は廻っている，以下简写《小镇》，长鸿出版引进时原译《女仆咖啡厅》），讲述的是一个以平凡小镇为舞台的故事。热爱侦探推理的主人公在一家女仆咖啡厅里打工，虽然被称作女仆咖啡厅，却也只是商店街门口的一家日式茶餐厅，只不过店员们都穿着女仆装而已。漫画以大大咧咧的电波侦探少女岚山步鸟的遭遇为主轴，铺展开一系列的

c.

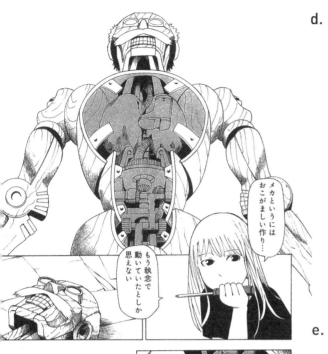

d.

c. 石黑正数《即使这样小镇也依然转动》原稿。

d. 短篇《KARAKURI》，讲述了会做机器人的爷爷去世后，留下了以自己为原型的机器人，孙女随后不断在家中发现爷爷留下的机关。爷爷的机器人的心脏，竟然是用孙女的雨靴做成的。在科幻故事中，亲情的流露被处理得十分自然。

e. 故事最后，房子本身竟然也是爷爷制造的机器人！

e.

f.

g.

f.《外天楼》第 4 话
"麻烦的馆"中,煞有
介事地分析案件发
生经过。

g.《外天楼》第 3 话
"罪恶",讲述了一个
女智能机器人因为
自身情绪暴躁而被
摧毁的故事。

的思维定式。例如在短篇《夜晚是红眼的世界》中，常在虚构作品里风光无限的吸血鬼到了石黑的笔下就变成了一个发福秃顶的中年大叔，并且还睡在榻榻米上的日式棺材里。最终消灭他的方法也是够奇特——几个人把他家的窗玻璃全部涂黑了，结果吸血鬼误将白天认作黑夜，扒开窗户想帅气飞走时却在日光下灰飞烟灭。

《外天楼》中的
精巧布局

而在篇幅较长的作品中，石黑的功力则体现在如何将这些奇思妙想和叙事相融合。在此不得不提及的一部作品便是出版于2011年的《外天楼》，它以近未来科幻风为底色，再加入一些推理的成分。这本一卷完结的中篇漫画由9个看似独立的短篇构成，石黑巧妙地选择了几个关联人物在不同时期的片段进行描写，读者能看到丰富多彩的角色和不同类型的故事，而到线索收束之时，几个短篇之间的联系豁然开朗，一个家庭，几个伙伴的故事画卷瞬间清晰，最后在一片大雪里悲伤落幕。石黑那天马行空的脑洞，既使得这个基调悲伤的故事不至于过分沉重，也让最后悲伤的结局更给人以讶异震撼之感（虽然这种前后落差也为一些人所不喜）。故事的开篇即是少年侦探团式的推理故事，但推理的局却是关于回收成人杂志这种上不了台面的事。而到了第四回"麻烦的馆"时，则是货真价实的刑警和有模有样的密室，但不幸的是，思考回路奇特的警察却遇上了一次反侦探式的伪解谜。至于科幻方面则亦有着许多有趣的细节，比如在开篇时男主人公姐姐吃着的冰棍，或许没有人能在这时就想到这个冰棍居然是电池一样的能源这样的伏笔吧。

让我们回到《小镇》上来。日系日常作品千千万，近年来适合边喝茶边看着萌娘们小打小闹的作品亦十分受欢迎，那是什么使得这部作品如此的特别？首先或许是对日常生活微妙滋味的更深入挖掘。《小镇》以日常推理事件为主，再拌上偶尔出现的灵异与科幻题材的调料。正是这些为日常生活切开了一道小口，在这一道小口里，日常生活中蕴含着的可能性尽情舒展开来。《小镇》里不少妙篇的开场其实都是很自然地出

现在我们现实生活里的事情，但忙碌的我们却常常摆摆手就将之简单打发掉，比如说，为什么小镇的一些地方会被人放了榛子；比如说，吃到了一个从哪儿都买不到的好吃点心……这些都在告诉我们，我们每天都在经历的日常事件，其实深挖下来都是如此有趣的故事。

然后则是细致安排的叙事。《外天楼》里那精巧布局的功夫亦在《小镇》中得以体现。虽然是长篇单元剧的连载，但石黑却选择了时间线交错的讲述方式，时常也有跨过好几个单行本的长度续接起来的伏笔，而这也恰是有心的读者能够介入其中，自己再行编织故事的地方。

或许正是这些特点让《小镇》在如此之多的日常系作品中脱颖而出。在很多日常作品更注重角色的属性搭配而力求萌点突出时，故事反而退居其次。而石黑却更像是一个故事讲述人，让角色的轮廓在细致编织的故事和神奇的脑回路里自然而然地清晰起来。《小镇》的故事有时候会是十足的日常，整一回都被交付于主人公和身边人的关系和琐事，比如学园祭，比如挚友的搬家，比如脱线的主人公如何温暖"离群者双叶"这位美女学姐的心灵……奇幻和推理被推到次要，重点回归到最简单的人与人之间的亲情友爱。石黑亦有着一些彻底日常类的作品，例如一卷完结的《睡觉的笨蛋》和《响子与爸爸》。这两本漫画里没有外星人，没有幽灵，亦没有推理成分。前者讲述的是大学生活的故事，女主角鲸井学姐是个不温不火的地下乐队的主唱，或许关于组乐队的故事我们已经看得太多，所以石黑在结局用了一个大反讽进行了一番颠倒。《响子与爸爸》则是家庭日常，叛逆青春期、谈婚论嫁之类老生常谈的情节也不少，但石黑却用相声一样的方法把生活讲成了有趣的段子。

不管怎么说，石黑的漫画都无疑可以划到"有趣"这一类里，并且这种"有趣"还是蕴含在他那十足日常感的叙述之中的。它不来自于廉价的夸张、变形或暴走的吐槽，而更多出于想象力和叙事技法给人带来的惊喜和角色的可爱，在沉稳的叙事和带点黑色幽默的揶揄之中让人领略他那相声式抒情的微妙滋味。

"或许下一个瞬间就会有人
被卷入奇异事件中哟。"

石黑正数

漫画家,1977 年生,毕业于大阪艺术大学,2000 年以短篇《Hero》出道,2005 年开始连载《即使这样小镇也依然转动》,2009 年开始连载《我家的街猫》(木曜日のフルツト),同时不定期开载《响子与爸爸》(響子と父さん)。除了长篇《小镇》外,他最有名的作品当是 2006 年开始连载的《睡觉的笨蛋》(ネムルバカ)和 2008 年开始连载的《外天楼》。图为石黑正数自画像。

h. 星新一小说《被盯上的保险库》被石黑漫画化。

知日　这次的特集主题围绕"脑洞"展开。简单来说,脑洞其实是大脑中需要用想象力来补充的"洞穴"一般的东西。在你的作品中,让读者自行想象的空间非常广阔,存在各种各样没有实际画出来的"脑洞"情节。你怎样在漫画中表现这样的脑洞呢?

石黑　之前没有意识到,但是你这么一说,好像我确实比较喜欢描绘那种眼前突然"梆！"地出现的超恐怖怪物,然后(主人公)"啊啊啊啊！！"(快吓死了)这样的场景呢,因为感觉比起那些"发生了不在常理范围内的事件""总感觉有什么在等着我们"的场景和状况还要更加恐怖。为了更好地在漫画中表现"我不懂啊啊啊啊""要怎么办才好"这种场景的那种不安感,我比较喜欢在事情一触即发时,比如开战前夜稍微前面一点儿的部分,尽量画出一种没完没了的感觉。

知日　你曾经说过:"要是用言语能够好好说明白的话,就不会画漫画了。"什么时候这种感觉最强烈呢?

石黑　前面讲脑洞的时候也稍微提了一下,就是那种"不知为何总觉得有点儿不安的这种状态其实是最恐怖的"感觉。为了让读者也能够感受到这种独特的紧张感和不安感,我才选择了画漫画这种方式。

知日　把星新一的小说漫画化的契机是什么?把小说改编成漫画的过程中你都遇到了怎样的困难和挑战?在漫画的过程中,自己又添加了什么元素和想象呢?

石黑　当时有这样一个企划,让许多漫画家们把自己喜欢的一篇星新一的作品漫画化,而《被盯上的保险库》是我被邀请参加的时候选择的作品。其实作为一篇小说,星新一的作品好像话剧一般,始终在一个舞台上演出,并且有很多叙述的技巧是只有在小说中才能用到的。好不容易有把他的小说漫画化的机会,所以我选择了能够不依赖旁白,从故事发展到最后的大逆转用漫画的表现方式也会很有趣的一篇。画漫画的时候,我把小偷潜入博士研究所的理由从"偷金条"变成了"盗取研究成果"。我觉得这样的改动更能够在漫画中流畅地推动情节的发展,并且也更能突出其中的讽刺效果。后来确认漫画的星新一的家属也觉得很有趣呢。(笑)

知日　你创作 SF 作品时的灵感是怎样产生的呢? 近期人气很高的《外天楼》单行本乍一看似乎是短篇作品集,但其实看到最后发现是一个很大的谜团。你能说说《外天楼》的创作过程,特别是整个故事的思考过程吗?

石黑　《外天楼》是连载在《梅菲斯特》(メフィスト)这本杂志上的唯一一个漫画栏目,而《梅菲斯特》其实是一本专门连载悬疑小说的杂志。《外天楼》对于本来就非常喜欢悬疑小说的我来讲,是怀抱着很大的压力画出来的。

最初的灵感来源是在过年回老家的电车上,望着窗外寂寥的雪景,在那边有一对彷徨着步行的姐弟二人,望着他们而胡思乱想,就想要在漫画里画出这样的场景。就这样粗略地想了一些故事之后,觉得既然好不容易要在悬疑杂志上连载了,一定要每回都加入一些悬疑的要素吧,比如说死亡宣言、馆中疑云、戏中戏,还有各种叙述技巧等。大家觉得是一话就完结的小故事,其实都是可以串联起来的！想要画出这样的漫画故事！但是真的能好好地实现吗? 就这样战战兢兢地开始了这一作品的连载。心里想着,要是读者们没有发现其中的联系的话,就当作一话就完结的短篇集吧…… (笑)大家能感到其中的关联真是太好了！

h.

知日　SF 对你来说,似乎并不只是单纯的科幻小说,而是受到藤子不二雄的影响,有那么一点儿"稍微有点儿不可思议"的味道。这种"稍微有点儿不可思议"的感觉要怎么表现出来呢?

石黑　是呢,也就是说一些身边的日常小事呢。并不是根据科学家们的理论做出时光机器,然后进行时光倒流之类,而是日常中再平凡不过的大叔,在骑单车的时候突然就时间旅行了,这样的感觉我想就是"稍微有点儿不可思议"的 SF 吧。当然,读者中的科学家也非常少,所以日常的场景和事情让人更容易理解和移情。我自己平时也幻想着,虽然现在过着普通的日常生活,但是会不会突然有不可思议的事情发生呢?或许下一个瞬间就会有人被卷入奇异事件中哟。

知日　你的日常漫画的灵感是从哪里来的呢?你曾经把大学时代和朋友一起去隧道探险的故事画进了《即使这样小镇也依然转动》里,其他还有类似的例子可以和我们分享吗?

石黑　其实在《小镇》里到处都是这样的例子。比如说大学的时候,有好多同学和我讲,有个人和我长得一模一样,我在 116 话中把这件事情写成了故事;还有在我还是小孩儿的时候,非常流行那种带贴纸的小点心(仙魔大战),当时缺货,我把我和朋友一起去找贴纸的经历画在了 117 话。

知日　在《破烂》这一科幻短篇中,你描绘了祖孙之间的细腻情感。像这种在科幻作品中描绘人类情感的手法你一直在使用。你是怎样在 SF 和情感之间取得平衡的呢?

石黑　和"稍微有点儿不可思议"相似,不管未来的科学技术怎样发展,我认为人类的感情中是存在着不会变的某种东西。对父母的感恩之情,和友人同游的乐趣,珍惜恋人和家人的心情,对金钱的渴求,还有最基本的比如肚子饿了,好想睡觉之类的。像这种普世的人类情感,在任何一部 SF 作品中都是通用的,并且承担了读者能够理解作者 SF 世界观的桥梁的作用。所以在构造复杂的世界观的同时,也要注重刻画、表现能够引起共鸣的人类的情感,我觉得这是非常重要的。

知日　《小镇》之后,您最想要动画化的作品是哪一部?为什么呢?

石黑　中彩票的话,我希望能够让《外天楼》动画化!(笑)能够真人版电影化的话,希望能够请麦浚龙先生来做导演呀!(笑)

知日　石黑先生所居住的地区好像中国人很多呢,如果想要做面向中国读者的作品的话,你想要创作什么样的故事呢?

石黑　20 世纪 80 年代,中国文化在日本非常流行。从功夫、僵尸之类的开始,《西游记》《三国志》,还有中国服饰、中国料理等,可以说是深入日本人骨髓里的文化影响。不用特意去考虑"这是面向中国读者的",也觉得可以互相理解。如果一定要说面向中国读者想要画什么的话……那就让僵尸登场吧!●

特集　脑洞

菅原そうた
５億年の果てはなんだろう

菅原 SOTA
开启一场 5 亿年的脑洞

风蚀蘑菇 / text & translate

张艺 / interview

菅原 SOTA / picture courtesy

a. 《BUTTON》，是被很多粉丝称作"5亿年的按钮"的短篇漫画。
按下这个按钮，你将进入一个只剩下时间流逝的空间，并在那里待上 5 亿年，不会有任何的痛苦。醒来之后时间将回到原点，这 5 亿年的记忆也将清零，你将获得一百万，仿佛一瞬间就能得到一百万。
©Sota Sugahara 2002 Printed in Japan

b. 菅原 SOTA 的 CG（计算机动画）漫画《我们的托尼奥酱》。
©Sota Sugahara 2002 Printed in Japan

如果把地球生命的演化时间压缩成一天，

人类在午夜前 1 分钟 17 秒才会出现。

我们渺小又短暂的一生，

无法想象过于恒久的时间尺度。

5 年前已经久远得像上个世纪，

度过 50 年是什么滋味可能大部分读者都没有体验过。

那么 500 年，5 000 年，甚至……5 亿年呢？

今天我们介绍的这位漫画作者菅原 SOTA，

就为我们开了一个横跨 5 亿年的脑洞。

b.

みんなのトニオちゃん

FUCK THE WORLD
SOTA SUGAHARA

菅原そうた

ERYBODY LOVES TONIO
CK THE WORLD
SUGAHARA

弟よ！イッたな
GONGON（B-DASH

ニオちゃん読みました。
ルバイトの回以降、特にヤバイですね。
ても楽しませてもらいました。小山田圭吾（コーネリアス）

解説：斎藤 環（精神科医）

芸社 定価（本体1,600円＋税）

みんながトニオでちゅ

c.《BUTTON》表现了在 5 亿年的时间里可能发生的事情。在快要到达 5 亿年的时候，mane 郎已经进行了各种哲学思考，似乎已经将所有关于人的存在和世界的哲学问题考虑透彻了。

"突然 mane 郎的脑海中闪过各种哲学疑问。这里真的是现实吗？这到底是宇宙的哪里？在宇宙中还是在宇宙之外？"
©Sota Sugahara 2002 Printed in Japan

c.

五颜六色长得像土豆似的人物，完全没有日漫画风美型的传统，就像刚接触 3D 的新人摆弄出的木偶戏。就是这样无机质的人物反而给故事增添了一丝诡异气氛，让寒彻骨髓的暗黑剧情也变得合情合理起来。仔细看来，人物虽简陋但该有的五官都有，也能做出丰富的表情，人们一旦接受了这个设定，反而觉得迷之带感。

彼时是 CG 技术还不算发达的 2001 年，对于自己摸索着制作了两年 CG 漫画的菅原来说，这样的水平已属不易。而后菅原再接再厉，继续探索 3DCG 之路，在漫画、动画、电视等多个方面上努力着。2002 年，《我们的托尼奥酱》单行本漫画发行，2004 年被制成了 30 分钟的 CG 动画。之后菅原也参与了许多电视节目的 CG 制作，集导演、构成、脚本、声优、视频制作于一身。2011 年推出以妖精森林里的三个女孩子的日常为主题的动画《gdgd 妖精 s》，菅原作为主企划、人设与导演，大获好评后还推出了第二季和剧场版。2013 年 10 月，他制作的 3D 动画《初音未来 未来未来创造未来》（初音ミクの ミクミクメイクミク！）在日本 niconico 网站上放送。2014 年菅原非常忙碌，有两部负责的动画同时播出，分别是他身兼监督、人设、编剧的《世嘉硬件女孩》（Hi ☆ sCoool! セハガール）和身兼监督、人设、

原案的《成为英雄 www》（なりヒロ www），真正发挥了菅原 SOTA 十项全能的本事。因为菅原的父亲是歌手，兄弟是乐队 B-DASH 的主唱兼吉他手，除了漫画和动画工作之外，他也会被家人抓来唱歌或者做 PV，一家人通力合作参与音乐制作。

菅原 SOTA 在日本国内并不是很有知名度，但其漫画和动画成就都值得关注。工作之外的他也非常平易近人，我们专访了菅原，他畅谈了这些年来的工作经验与生活感悟，相信会给各位读者带来不少启发。

e.

f.

d.

昔いたあの場所って一体なんだったんだ？

だいたい宇宙って一体

俺は知らねーじゃねーか！

そこは一体何でありどういうトコロなのか

そしてそんな訳分かんねー宇宙の中の地球の表面で生まれてちょこっと生きて死んでいく

俺という生物の存在は一体何なんだ？

d. mane 郎发出了这样的疑问：我过去生活的地方究竟是什么？我们从未考虑过这个问题。宇宙到底是什么？对此一无所知、在地球表面生存的我们，到底是什么？
©Sota Sugahara 2002 Printed in Japan

e. 菅原 SOTA 担任企划、人设与导演的 CG 动画《gdgd 妖精 s》，2011 年开始放送第一季，2013 年，播放了第二季，2014 年剧场版推出。
©2 代目 gdgd 妖精 s
©gdgd 妖精 s（ぐだぐだフェアリーーズ）

f. 菅原 SOTA 担任导演、人设、原案的 CG 动画《成为英雄 www》。
©2014 剧 gd-SFPTD
©2014《成为英雄 www》制作委员会

interview ················· 菅原 SOTA

"我是按昆汀的风格来创作暴力美学漫画的。"

菅原 SOTA

多栖艺术家，CG 漫画家。1979 年生于东京。2000 年开始在《周刊SPA！》上连载《我们的托尼奥酱》，其 CG 风格的漫画独树一帜。近年来，通过制作 3DCG 作品，在广告、音乐、映像、动画等方面都非常活跃。父亲与哥哥都是音乐人，因此也经常参与制作他们的音乐作品。

知日　成为漫画家的契机是什么？

菅原　我从小就非常喜欢幻想，对于许多故事情节都有很多想法，因此也就梦想着有一天能成为漫画家。然而我的手绘非常差，在 5 个一起画画的小学同学里我是倒数第二，到了初中加入美术社团，几十人中我还是倒数第二。后来我不再参加社团，只是混迹音乐活动，玩一些短片拍摄，完全没有再画过，因而报考的几所美术大学全部落选。我放弃了成为漫画家这个梦想。

到了 18 岁左右，iMac（一款苹果电脑）开始流行，我接触并迷上了 PS、数码相机之类的软件和设备，兴奋得每天都在胡乱创作。当时我对于艺术、插画等行业完全不了解，也没有能跟我讨论这方面事情的朋友或前辈，所以非常苦恼该怎么办。

我用 3DCG 做了个哆啦 A 梦的模型，展示给那些从来没夸过我的画的朋友，他们都很惊讶，说这样一来就算画不好画也能当漫画家了，我非常激动。

知日　《我们的托尼奥酱》是你的首次连载吧，为什么选择 CG 漫画创作？

菅原　第一个用 3DCG 做的原创角色就是托尼奥酱，因此最初连载的也就是它的系列作品。

尽管作品被认为很有趣，但因为《少年JUMP》是黑白的，问我能否手绘，我表示不行。但编辑嶋先生对我很友好，让我在一处彩页连载。

我刚想着要到一个能刊登彩色漫画的地方去连载，父亲的熟人高田先生就指点我到《周刊 SPA！》去。展示作品后，我很快获得了《周刊 SPA！》总编辑的信任，并开始连载。18 岁接触电脑一年后就作为 3DCG 漫画家出道，这对于因不能手绘而遭遇挫折的我来说，简直如梦一般。

我兴致勃勃，觉得 3DCG 漫画的时代要来了，不过受制于彩印的效率，最终并没有许多新的 3DCG 作品涌现。

知日　你被称作"CG 绘画的先驱"，那么你是如何开始接触 CG 的？

菅原　世嘉出了款叫《VR 战士》的游戏，中学在英国留学时，我看了它的 3DCG 后非常激动，觉得确实存在一个可以出入的 3D 异世界，想要进到里面去。

小学时我觉得一切皆有可能，世界是梦幻的，但到了中学渐渐觉得，这个世界是无聊的，什么奇异现象都不会出现，甚至中二病地想要逃避到异世界去。那时被 3DCG

的异世界感动后，就一直很憧憬它了。成为 3DCG 制作人是我学生时代的另一个梦想。回国后，我每天玩着世嘉的游戏，就愈发憧憬 3DCG。18 岁接触了 iMac 后，这份憧憬不再只是憧憬了，我可以用电脑软件自己制作 3GCD 了！这令我非常激动。

知日　托尼奥酱这一人物形象，非常有代表性，让人印象深刻，其设定的要点是什么呢？

菅原　总的来说，我喜欢有冲击性的过激的东西，比如说恶心的生物的内脏飞出来之类视觉冲击强烈的画面。但又觉得，如果是可爱的角色，突然内脏横飞，在这样的反差下，冲击性会更强，所以就专门以小巧可爱的角色创作惊悚的内容。我觉得，要像昆汀的电影那样，有意料之外的很突然的剧情展开，出现恶心惊悚的场景才会很有感觉，我是按昆汀的风格来创作暴力美学漫画的。还有，可爱小巧的角色既受欢迎，又容易让人记住，幸而我还是可以创作出简单的圆球造型的。

知日　《5 亿年的按钮》中的设定非常有趣，这个想法是怎么来的呢？

菅原　在连载托尼奥酱的时候，有时会回想起青春期的事情，并当作漫画素材。5 亿年按钮的想法是从高中时和我哥还有一些同学的闲聊中开始的。

我们经常聚在一起聊一些诸如"屎味的咖喱和咖喱味的屎，你选哪个"，"给你多少钱的话你肯吃一口屎"，"给你 100 万，让你在大火中痛苦地被烧死，但最后一瞬间完全复原的话，你肯吗"之类的愚蠢话题。后来扩展为："给你 100 万，你按下按钮后 5 亿年间什么都不能做，只能感受着时间的消逝，在最后可以回到原来的状态并消去这段记忆，你肯吗？"总之就是："……怎样？……你肯不肯？……有 100 万啊！……5 亿年……太辛苦了！"这样的闲聊，我把当时的对话当作灵感来源和素材来用了。

知日　如果有这个 5 亿年按钮，你会按吗？

菅原　到晚年为止我是不会按的。如果被宣布只剩一周可以活了，我就会当作是在续命，按下去继续享受 5 亿年，除了这种情况以外我是不会按的。

知日 你想通过《5 亿年的按钮》来表现些什么? 有人评价说这是恐怖漫画,你觉得是哪里恐怖呢?

菅原 当时我还没有意识到哲学,只是喜欢用自己的方式,对日常中突然出现的奇怪感觉进行深入思考,随性地把所想的事情画在漫画中。

现在想想看"想要表现什么"这个问题的话,应该就是:"人类对自己所身处其中的谜一样的世界一无所知,人类的感性认识并没有什么大不了的,人类不过是在主观的封闭的世界观中,至死怀着独断与偏见,就算是科学的话语也绝无可能把握自然的意志或是真正的真理。但如果有 5 亿年的时间,人类能不能掌握到真理呢?"

按康德的话来说,会得到"人类无法理解绝对真理"这种丧气的结论,按佛教来说就是"舍弃万物的分别,以无我之心融合于此世,才能醒悟真理"。

所谓"恐怖",我觉得是时间的问题。无所事事的时候我们总会对时间有最直接的体验。假日的时候什么都不做,一想到这样无趣的人生要继续下去,就会毛骨悚然。晚上失眠几个小时已经很难过了,飞机上的十几小时就更难过了,如果是 10 年、100 年的话我会想死的,更别说 5 亿年了。

知日 你很喜欢哲学吧? 将哲学的设定融入漫画中,创作出有趣的故事,这很让人佩服。哲学的设定,还有故事的趣味性,将这两者融合的关键是什么呢?

菅原 在把《我们的托尼奥酱》这部描绘家人和朋友间的蠢话还有平常生活中的感觉的作品展示给别人看时,被评价说:"这很哲学嘛!"于是觉得哲学就是这样的吗? 20 岁开始,我一直在读很多的书。

所以,当时并没有意识到哲学的问题,也完全没有考虑读者的感受,只是纯粹将自己的所想通过作品表达出来罢了。能被这样评价,我很高兴。

知日 最近在读什么样的书? 有什么喜欢的作家和哲学家吗?

菅原 虽然有点儿迟了,但我最近确实在读柏拉图的《理想国》。我一直很喜欢苏格拉底,他有着自觉到自己对于宇宙的真理一无所知的"无知之知"。但是现在读了这本书以后,我发现我所知道的苏格拉底的言论,都是柏拉图在书中借苏格拉底之口说出来的,因而也就喜欢上了柏拉图。还有,在柏拉图的书中,苏格拉底对智者学派的批判,和当今社会有许多相通之处,这类言论大多很有趣。

近代哲学家的书中有太多专业术语,像我这种初学者不理解那些词语就读不懂这些书,但柏拉图的书中术语很少,引用也很少,我可以流畅地阅读。尽管有些地方对于现代哲学来说显得不值一提,甚至一些结论是错误的,但还是有和现代相同的地方。

知日 除了漫画,你在视频、动画等领域也非常活跃,开始的契机是什么呢?

菅原 托尼奥酱的连载完结后 7 年左右,我一直处于作为漫画家的低谷时期。这段时间我参与了乐队 MV 和 VJ(影像骑师)的制作,并接触到了作为漫画家和 CG 艺术家的前辈,开始学习 CG 视频的制作。

直到遇见给了我出道机会的制作人,我一直都只是在小打小闹地制作一些 CG 动画,但这段时间的经验和前辈给我的帮助,让我最终进入了制作动画视频的领域。

尽管那段时期是作为漫画家的低谷,但如果一直在漫画上风生水起的话,我也不会制作 CG 动画,恐怕至今都会一直在创作静止的漫画了吧。

电脑设备的发展也很关键,可能有朝一日可以一个人在家用一台电脑就制作出一季的 3D 动画吧。《NET MIRACLE SHOPPING》就是与此类似的制作,不过当然不是我个人的制作,仍是靠团队各施所长完成的。

知日 你近年参与了《gdgd 妖精 s》等 CG 动画的企划并担任了角色设计、导演等职务,制作 CG 动画的趣味是什么呢?

菅原 我的印象是,漫画创作像是拳击,而动画制作就像是棒球一样,乐趣在于团队的共同努力。我没有制作过赛璐珞动画,对 CG 动画创作的趣味并不能总体地来理解,至今我所参与的制作,都有学园祭般的快乐。

知日 今后可能会成为小说家吗?

菅原 要从那些吸引人的文章的细节开始学习,对于现在的我来说还过于困难,但还是想有朝一日试试去写小说。我看见那些用生僻词语来充装高雅的文章就觉得难受。最近读的科幻小说里,牧野修的《月世界小说》中的文章尽管精短,但却给人印象深刻,极富表现力。

我会首先思考,在动画中什么是可能表现的,什么是不可能的。比如要用动画来表现"伫立在嘈杂的街道上的主人公",就要描绘很多不同的路人、车辆,性价比太低了,所以这种场景不能用动画去表现。但这种受到限制的表现,却能在小说中用一行文字就表现出来,而且比起 CG 空间,文字似乎更能表现出主观体验。

另外我现在对 VR(虚拟现实)也非常感兴趣,在学习 VR 游戏的制作,而且只要转换一下制作 VR 的工具,3DCG 游戏其实也离我不远,但实际上它比 CG 动画更难,需要对表现力有更高的掌控。●

a. 菅原在工作室

弐瓶勉
サイバースペースにあるノマド

贰瓶勉
赛博空间里的科技游牧民

风蚀蘑菇 / text

冯铄淳 / interview

张艺 / edit

贰瓶勉 / picture courtesy

也许在主流漫画界，

贰瓶勉并不是一个很热门的名字。

但在青年漫和 SF 爱好者心里，

贰瓶勉是日本最好的科幻漫画家之一。

那么这位在 1997 年就凭借长篇处女作《Blame》声名鹊起，

直到 2014 年新作《希德尼娅的骑士》

动画化才被主流动漫爱好者所熟知的漫画家，

到底有什么过人之处呢？

《知日》对贰瓶勉进行了专访，

一起聊了聊他的脑洞世界。

a.
《希德尼娅的骑士》

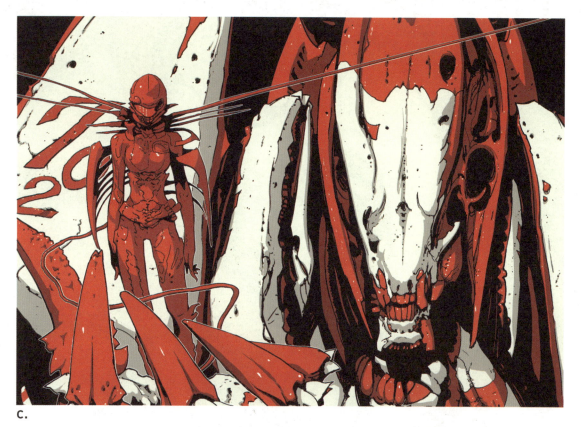

c.

b.《Blame！学园》
战翅甲虫·天蛾篇
c.《希德尼娅的骑士》
d.《Blame！学园》
京都奈良相合伞篇
e.《Biomega》

侵入对攻电子空间：
贰瓶勉的科幻世界＊

贰瓶勉生于 1971 年，毕业于
东京工业大学，曾经在美国留
学学习建筑。后回国从事漫
画工作，做过高桥努的助手。1995 年以短篇漫
画《Blame》出道，而后在 1997 年正式开始连载
长篇版《Blame》。该漫画讲述了一个赛博朋克
（CyberPunk）世界里的探索者雾亥为寻找网络
端末遗传因子而不断漫游，与异空间形形色色
的生物相遇的故事。后来的一卷本《Noise》则是
《Blame》的前传，解释了《Blame》中一些设定的来
源。2004 年开始连载的《Biomega》是贰瓶勉风格
的转型，描绘了火星病毒入侵后地球的丧尸危机。
差不多同期的中篇《Abara》则讲述了近未来世界
人类被突然出现的"白奇居子"攻击，不得已用
改造后的"黑奇居子"应对的激斗故事，其中的
一些设定在 2009 年后连载的新作《希德尼娅的骑
士》中得到继承。贰瓶勉的漫画皆以科幻为题材。

d.

e.

＊ 本文题目与小标题均来自贰瓶勉作品的章节名。
＊＊ 美国科幻作家威廉·吉布森所著，完成于 1984 年，预言了 20 世纪 90 年代到来的网络文明，是一部同时获得雨果奖、星云奖和菲利普·K·迪克奖三大科幻文学奖的杰作。他在书中创造的赛博空间（cyberspace），引发了科幻创作的赛博朋克潮流，并在 20 世纪 90 年代不断扩大，从科幻到主

流，影响至今。
＊＊＊漫画家士郎正宗于 1989 年 4 月 22 日开始在《周刊 Young Magazine》海贼版（ヤングマガジン海贼版）上连载的漫画。故事设定在未来世界人类已经跨越可穿戴设备阶段，进入设备人体移植阶段。人的身体可以全部用机械"义体"取代，人的大脑亦可直接接入网络世界。人与机器的界限变得模糊，出现通过入侵人脑进行犯罪的黑客。

但一场事故使得人类与最高控制中心"网络球"逐渐失联，产生了无序的混沌，而失控的建造者"超构造体"疯狂增长致使人类生活的空间尺度无限增大，进一步加深了彼此之间的隔阂。遗传基因产生变异的人类基于不同的生态圈衍生出了拥有不同肉体形态和生活模式的种族分支，甚至诞生了与人类相似却视人类为仇敌的硅素生命。在人类苟延残喘的时代里，拥有不死之躯和强大战力的男主角雾亥便穿梭于无边无际的巨大阶梯都市中，不时与"安全警卫"和硅素生物对抗，寻找着拥有"网络端末遗传因子"以便能连接上"网络球"拯救世界的纯人类。

虽然带有赛博朋克元素的作品之前已零星出现，但其集大成者是 1984 年的小说《神经漫游者》（Neuromancer）＊＊，"赛博朋克"的概念也是由它首次提出的。随之而来的 20 世纪 90 年代是赛博朋克文化大爆发的时期。随着个人电脑的普及，互联网走入千家万户，这种以计算机技术为主题的科幻作品逐渐受到人们欢迎，作品中那些虚拟空间、黑客、人工智能不再是遥远的想象。伴随着新奇与兴奋而来的，还有对科技过度发展的忧虑，这些则通过赛博朋克作品中常有的反乌托邦倾向表现出来。诞生于 1989 年的《攻壳机动队》＊＊＊就是日本赛博朋克文化的杰出代表，在 1995 年被押井守改编为动画后大获成功，获得全球性的关注。同年，《Blame》短篇版发表，两年后开始连载的长篇版更具先锋性与思辨性。1999 年，《黑客帝国》（The

当被问到是怎样的契机使他对物理和科幻小说开始感兴趣时，贰瓶勉回答道："比起纯文学，我更喜欢科幻小说，所以就一直只读科幻小说。我也不知道为什么会这样。"说到除了《希德尼娅的骑士》以外最希望被动画化的是哪一部作品时，贰瓶勉的回答是《Blame》。从各方面看，《Blame》都是贰瓶勉职业生涯中无法跳过的杰作。

《Blame》以当时最前沿的赛博朋克世界作为背景，描绘了在网络高度发达的时代，人类可以把意识传入云端备份，改造后的肉体几近不灭。

＊美国科幻电影，由安迪·沃卓斯基导演，1999 年第一部《黑客帝国》上映后引起轰动。它讲述了人工智能高度发达的未来，人类黑客与人工智能反叛者，以及"矩阵"的斗争。

Matrix）＊第一部上映，赛博朋克由亚文化进入大众视野，正式成为流行文化元素。

建筑学出身的贰瓶勉，留给读者最深的印象之一便是作品中空间感的描绘。《Blame》中由于"超构造体"的无限建造，产生了几乎没有边际的都市构造体。荒无人烟的混沌空间内不见天日，无数看不到尽头的黑暗管道、旋转阶梯、杂乱废墟，空荡荡的巨大空间经常只有雾亥孤零零的身影。偶有"3 000 公里外有一个出口""直径平均在 143 000 千米的球状空间"等寥寥几句台词，便描绘出这个永夜空间的寂寞。贰瓶勉近乎执着地描绘着这些苍凉、孤独的压抑场景，甚至给人"建筑才是主角"的错觉。据他所说："画设计图的经验，以及对建筑物的一些基础知识，都对我的漫画创作有所帮助。毕竟我在不看资料的情况下，也能在一定程度上描画出建筑物。"对建筑与空间的把握，甚至成为他作品的一个特色标志。

电基骑士：静默如谜的纪录片式叙事

贰瓶勉作品的第二个特点便是台词量极少，故事纯粹靠动作推进。经常主人公打斗了十几页都没有一句台词，被人戏称为"一部作品加起来的台词还没别人一集说的话多"。在被问到《希德尼娅的骑士》之前的作品里台词很少，留给读者想象的空间非常大时，贰瓶勉

说："比起漫画的表现方式，当时我更追求像纪录片一样的表现方式，这就使得台词变得很少。也因此，我的漫画常被人们评价为难以理解的。"

在贰瓶勉的作品中，最以晦涩著称的是《Blame》。尤其是第一卷开头，并不事先交代庞大的设定，直接以打斗戏开场。整个第一话几乎没有台词，连篇的动作戏很容易让新读者看得云里雾里。直到第二卷以后，对世界观的解释才渐渐多了起来，让人逐渐理解背后深邃的成因。不过一旦接受了这个设定，反而会喜欢上这种默片电影似的风格。图像无国界，少有台词更能增添真实感，让人直面画面的感染力。

贰瓶勉在别的采访里也提到过，由于之前的作品被人评价很难懂，自己以漫画家的身份在

f.
贰瓶勉的工作台

商业杂志上连载，想让更多人阅读自己的作品，所以不希望出现因画风而放弃阅读的情况。《希德尼娅的骑士》就改变了一贯的速度，稍微缓和了以往的强烈画风。作画上也不再大量涂黑，转而大量使用排线。这种风格转变在《Biomega》中也初露端倪，大量的手打网格是《Blame》中看不到的。

到创作中期，贰瓶勉的分镜愈加行云流水，电影感甚强。即使依旧少有台词也不会让人看不懂，在沉默中更有一种野性的力量。这个时期的代表作品是《Biomega》和《Abara》。两者的打斗风格都较为血腥，敌人都是有血有肉的丧尸或者外星怪物。与《Blame》的打斗纯粹飚血浆不同，《Biomega》更注重"血肉横飞"的刻画。在叙事上也多有创新，采用多线叙事的方法，同时刻画几组人的行动，最后汇集在一起。可谓是贰瓶勉转型期的集大成之作。

大地的记忆：
共有世界观架构

在贰瓶勉的作品中，有一些反复出现的关键词，例如贯穿多部作品的"东亚重工"，《Abara》和《希德尼娅的骑士》中都出现的敌人"奇居子"，《Blame》里的反派"硅素生命"在《Noise》中得到来源解释，《Biomega》与《希德尼娅的骑士》时间线都起源于公元 2300 年等。这些作品间若有若无的联系经常让他的粉丝绞尽脑汁，试图找到作品之间的发展顺序，理出一条时间线来。但是很遗憾的是，从现有内容来看，贰瓶勉的作品与其说像型月世界那样共享一个世界观，不如说是在一个接一个的词语中得到灵感启发，借用相似关键词表现不同的故事内涵。

就像贰瓶勉在回答创作《希德尼娅的骑士》时没有提纲，创作过程中是否忘记过自己原先想要画的内容时说："我在决定好大致的故事概要后就开始了《希德尼娅的骑士》的连载，有关细节部分则在每个月连载的时候去构思，应该是没有什么被遗忘的内容。故事的结局也成功按照我的构想画了出来。"所以这样边画边想的情况下，不同作品中世界观不统一是非常正常的事。他在其他采访中也提到，出现的东亚重工其实并没有那

么深刻的含义，在《Blame》中登场后，因为很喜欢所以在《Biomega》里也让它登场了。科幻作品中，先进的科学技术一般都会是主题，所以就要有开发技术的主体，那么他的作品中就一直由东亚重工来充当这一主体。

与其关注贰瓶勉世界观上若有似无的连贯性，不如看看他在作品中一贯的疏离感。他的人物之间的情感都是淡淡的，主角之间从不会有什么甜言蜜语。比起打情骂俏，坐下来一起沉默地吹着穿堂而过的风眺望远方，享受那种静默的气氛才更符合贰瓶勉的内敛性格。这种"君子之交淡若水"的交流方式也许和贰瓶勉的个人经历分不开。当被问到在美国的留学经验给创作带来了怎样的影响时，他说："留学让我得以和不同的人种以及性格迥异的人交流，并得以客观地看待日本，这给我本人带来了巨大的影响，使我有了很大的改变。"

独自在异乡的生活让他"喜欢并享受旅行"，也使他永远处在一个异质旁观者的角度，冷静地旁观着作品中的生死。在人人自危的末世中，人与人之间的羁绊得来不易，那种微弱的情感联系反而更符合贰瓶勉笔下绝望残酷的世界。

科技游牧民：
作品之外的贰瓶勉

不同于作品中的严肃灰暗，生活中的贰瓶勉有平易近人的一面。有传言说他因为自己女儿更喜欢《进击的巨人》而不喜欢自己的《希德尼娅的骑士》，所以尽早把《希德尼娅的骑士》漫画完结了。不管传言真实与否，作品之外的贰瓶勉比起高高在上的作者大人，更像一个可爱的邻家大叔。

在被问到"如果自己处在作品中那种人类文明都毁灭的世界，觉得自己会成为怎样的角色"时，他很耿直地回答："我觉得我会尽我所能躲藏在安全的地方，并尽全力避免和那些危险的事情惹上关系。我很怕死的啊！"

19 年前，刚开始连载的《Blame》上，卷首的第一句话便是："Maybe on earth.Maybe in the future."（或许在地球，或许在未来。）当我们最后问到贰瓶勉以后准备创作怎样的故事时，他回答说："我想要创作一个谁都没有见过的未来世界。"●

今日マチ子
夢のカケラ

今日 machiko
梦的片段

沐卉 / interview & text

今日 machiko / picture courtesy

a.

a-c.《千年画报》
© 今日マチ子 / kyo
machiko

出道 8 年，

在人才辈出的日本漫画界，

她或许只能算作一位新晋漫画家，

但看过今日 machiko 作品的人，

或许一眼就难以忘怀。

善于用一页漫画抓住人眼球的今日 machiko，

就是有这种让你坠入她梦中片段的魔力。

b.

《千年画报》(センネン画報)是今日 machiko 的成名作,也是她博客的名字。从 2004 年开始登载自己的作品,以一页漫画为主,也有一部分是插画。之所以叫这个名字,是因为那时她立志要在博客里画满 1000 幅作品,事实上这个目标早在 2007 年就已经完成,但如今 12 年过去了,她依然在坚持更新,并将其作为自己一辈子的工作去完成。

清新又带有透明感是她的画风,如同晕染过一般的色泽,如诗如画,让很多看过今日 machiko 作品的人觉得是在读她的梦。她的作品里充满了幻想,她用女性特有的细腻去完成每一个梦的片段。

《千年画报》里的大多数题材都与"青春"有关,若是将作品细化,就会发现作者往往是截取其中某一个片段,或是一个瞬间来编织一个故事。今日 machiko 绝对是一个表达情感的高手,她的绝妙之处在于,将那些因为时间太短、太过细腻而难以捕捉的情感,利用分镜,将每一个瞬间尽情地放大展现。

情感是一种抽象的东西,靠的是心领神会而非无尽言语,如何将无法言喻的东西恰如其分地展现,今日 machiko 做得非常绝妙,她在放大的基础上,还采用暗喻手法,将抽象化作具体。在她的作品里,无论是书桌上的文具,还是瓶中的插花,只要是目之所及的日常小物,她都可以幻化为作品里表达情感的道具。

e.

d.

もう　切らなくては……

3　　　2　　　1

f.

g.

女性的细腻视角是她所有作品的出发点，她的天马行空都是在此基础上建立的。在 2012 年后的《千年画报》里，今日 machiko 在题材上有了更广泛的涉猎，甚至涉及有关战争的主题。很难想象一个能将漫画写成诗的姑娘能毫无违和感地描绘战争，但她确实做到了，就是用她女性的身份、细腻的感触，还有少女的视角，加上她非凡的想象。这部作品叫作《草莓战争》（いちご戦争），获得了 2015 年的日本漫画家协会大奖。这是一部插画集，在这部作品里，她延续了清丽的画风和暗喻的表现手法，除了一个个少女之外，甜品和水果成了构建战争的所有元素。战场上的血迹斑斑，都是用草莓和果酱替代。从不幸受伤的少女身上洒落下来的是淅淅沥沥的樱桃，奶油幻

h.

h-m.《草莓战争》
© 今日マチ子 / kyo machiko

i.

化成雪地，pocky 饼干可以作为武器，蛋糕和派可以作为战车，横倒的菠萝成了掩护战士的丛林，就连糖果都可以成为包扎好伤口的士兵……作者看似一直在用所有甜美的东西掩盖残酷，但往往就是这样极致的差异才最能够展现画面背后的东西。在她的故事里，战争不是用来衬托少女的英雄主义。相反地，她用隐喻和少女最大限度地突显了战争的悲哀。

今日 machiko 用自己记录青春的方式去表现战争，将看似完全相悖的两极，在情感上还原为一体。这一点恰好也是今日 machiko 最能触动人心的地方。

j.

k.

interview ·················· 今日 machiko

"最初,我并不是刻意去描绘一个故事,而是像做笔记一样,把自己对战争的印象记录下来。"

今日 machiko

日本漫画家、插画师。生于东京,毕业于东京艺术大学。在大学时代开始了插画创作。2004 年开始在自己的博客"千年画报"上登载一页漫画,渐渐受到了好评和人们的关注,现已出版《mikakosan》《cocoon》等多部漫画作品。2015 年,《草莓战争》获得了日本漫画家协会大奖。图为今日 machiko 自画像。

知日 现在作为职业漫画家的你,小时候的梦想是成为漫画家吗?

今日 我是长大后才决定成为漫画家的。小时候并没有考虑过一定要做什么。也像其他女孩子一样,想过要成为花店店员。上小学的时候,妈妈还说希望我以后成为一名律师。(笑)

知日 你创作《千年画报》的契机是什么呢?

今日 那时候,我在一家小出版社做兼职。有一位从美术大学毕业的同事建议我随便画点儿什么试试看,我自己也就画了一些漫画,后来发现画漫画竟是如此有趣。刚好那时候我开始更新博客,也不知道该写些什么,于是就开始在博客上画起了一页漫画。

知日 《千年画报》中的很多作品都是利用身边的日常小物来表现人物的精神世界,你是如何利用这些身边的小东西来展开想象的呢?创作时的重点又是什么呢?

今日 其实这些东西都来源于我书桌上能看到的东西,我就是通过它们来展开想象进行创作的。也因为这样,文具和点心要多一些。由于现在的连载作品很多,不可能每天都更新画报。在刚出道不久的时候有些时间,所以那时也曾把每天都更新画报作为一个目标。因为画报上的内容都是没有连续性的一页漫画,并没有一个很突出的主题,自然而然也就没有每天都去更新。也是这个原因,画报中的题材有很多都是日常的小东西。

至于创作时的重点,我想就是要将各个方面的观点看法集中起来进行思考吧。

知日 在《千年画报》中,你几乎都是绘制分镜,台词也不多。这样做的理由是什么呢?

今日 其实在最开始连载的时候是有台词的,但总感觉台词和画风不是很搭,也很没有条理,和现在的作品比起来要粗糙得多。说起来也觉得不好意思,但我还是把它当作记录一直放在博客里。自己也是在后来的不断更新中渐渐转变了画风,台词也自然随之减少了。因为是一页漫画,如果加上台词的话,对故事创作本身也会产生一定的限制,所以后来就决定在一页漫画里只设置一个故事场景。

知日 你的作品大多是以青春期的少年少女为主角,带有一种治愈而青春的透明感,这样的画风和你的经历有联系吗?

今日 青春期的我一直都在女子高中上学,除了家人和老师以外,完全没和男孩子接触过,所以很可惜,我没有经历过多么绚烂的青春。也正因如此,在作品中,与其说我是在描绘现实青春的样子,不如说是在展现当时的我,或是现在的我脑海中想象的青春的样子。

知日 你在作品中,曾将"战争""少女"和"幻想"结合起来创作,这样做的理由

l.

是什么？为什么要从少女的角度去描绘战争？

今日 因为这三个要素恰好是我所感兴趣的，或者说会比较容易进行创作的。之所以选择战争这一题材，最开始是因为一位编辑的建议。在那时候，自己所画的大多是像《千年画报》那样青春系的漫画，后来那位编辑就对我说，希望我能创作一部和战争有关的作品。在最开始的时候，说实话，我自己对如何去描绘战争感到迷茫和动摇。毕竟在现实中就有人因战争而牺牲，在当下的世界，也有地方还在战火弥漫。我的作品大多都是在表现日常生活，而"战争"是和"日常"完全相对的。但因为委托之人意愿强烈，我开始考虑是不是该用另一种表现手法去描绘战争。我一点儿都不想在作品里掺入意识形态的东西，说到底，自己对战争是十分厌恶的。可是，在如今的日本，包括我在内，对战争越来越陌生的人愈渐增多，而亲身经历过战争，也就是爷爷奶奶那一辈的人，去世的也越来越多。因为创作的需要，我去了各种各样的地方，也读了很多书。渐渐地我有了一种希望从年轻人的立场去感悟战争的心情，这也就是为什么我要从少女的视角去描绘战争。

知日 是什么让你开始创作《草莓战争》这部作品的？

今日 最初，我并不是刻意去描绘一个故事，而是像做笔记一样，把自己对战争的印象记录下来。所以它呈现在博客中的样子并不像《千年画报》那样仅仅只是一页漫画，而是像将漫画先绘在了手账上，再上传到博客上一样。之所以这样设定，是因为把漫画绘在手账上，就好像是一个喜爱绘画的士兵在奔赴战场时，胸口的口袋里也揣着小画册一样。

知日 在《草莓战争》中，残酷的战争全都被甜品取代，用甜品生动地再现战争，这是如何想到的？

今日 因为我一直在找不用直接画出血的表现方法。如果直接把血展现出来，多少都会让人有些厌恶感，所以都没有用直接的方法去表现。但为了生动再现战争，我就用了红色的水果、点心以及果酱，用来象征鲜血和战争的残酷。其实在我看来，甜品和战争很像，本来这两者都不是必要的东西，但因为有了人的参与，二者就成了某种必要，这也可以看作是二者的一个共通性吧。

知日 对你来说，想象力在创作过程中扮演了什么样的角色？

今日 因为漫画本身就是想象力的产物，所以幻想、想象是非常重要的，特别是在描绘战争的时候，需要尽可能地从多个方面进行展现。对我来说，这并不体现在政治意识形态上，而是将在采访中各种各样适合的思想，尽可能多地体现在作品中。在《cocoon》这部最开始描绘战争的作品中，作为主人公的少女们都是以被害者的姿态展现故事，而在最近的《乐园》这部作品中，登场人物均从加害者这一侧面来体现故事情节。这些设定都是需要靠想象来进行创作的。

知日 如果以筷子为对象，你会用怎样的故事将它放进漫画里？

今日 在佛教文化中有一个关于筷子的传说。有一张桌子上摆满了丰盛佳肴，可是使用的筷子却非常长。死后荣登极乐之人，会两个人相互合作，用筷子夹菜给对方吃；死后坠入地狱之人，则不会互帮互助，只能一直挨饿。我会用这个传说来创作故事。我想大概也会有很多人愿意看吧。●

m.

keigo　SNS は僕の
「手の平サイズの美術館」

keigo　社交网络
就是我手掌大小的美术馆

张家欣、张艺 / interview & text
keigo / picture courtesy

在 Instagram 和 Tumblr 上
有这样一个人气插画家，
就算你不知道他的名字，
也很有可能看过他的作品，
感受过他飘荡着无力感的幽默。
没有人见过他的真身，
却在 Instagram 上拥有 8 万 多关注者，
不是僵尸粉，
都是期待着他作品的真正粉丝。
粉丝们在他的作品下各抒己见，
"太有趣了！"
"原来是这样！"
甚至还希望作品角色商品化。
他的名字叫 keigo（@K5FUWA），
《知日》通过他的社交账号联系了他，
此前从未在任何媒体上露过面的 keigo，
向我们吐露了他脑洞大开的创作风格
是如何形成的，
并挑出 10 张自己的"自信作"，
一幅幅讲述了创作当时的所思所想。

a.

a. 社交网络就是上班族 keigo 的掌上美术馆。
b. "希望继续保持'迷之插画家'的身份，所以不便公开照片"的 keigo 自画像。

b.

keigo 将日常的题材融合幻想、脑洞比天大的插画,透过社交网络吸引了来自全世界的粉丝。他是一位高产的创作者,平均每天都有一幅以上的作品通过 Instagram 和 Tumblr 飞向世界各地。Instagram 和 Tumblr 是 keigo 发表作品的重要平台,他把 Instagram 称为"手掌大小的美术馆",通过它,每个人都能随时随地感受全世界的"现在"。而 keigo 并非职业插画家,而是有着本职的普通上班族,因为缺乏积极外出发表作品的欲望和体力,SNS 便成了最适合其活动的平台。虽然毕业于美术大学的与声音和影像相关的媒体艺术专业,但就职于跟美术毫无关系的公司后,艺术仿佛远离了 keigo。但是 Instagram 的出现使 keigo 重拾了为应试而学的插画,从而改变了他的人生。

keigo 自认不是插画家,只是一名没什么朋友、以钢琴和电子乐器为兴趣的上班族大叔。日本现代美术家日比野克彦是影响 keigo 最深的艺术家,keigo 被其初期作品集和概念完全迷住,甚至因此选择美术大学。除了为考美大而学的铅笔素描和色彩构成知识,keigo 并不比我们更懂插画。一开始 keigo 在 Instagram 上传乐器和日常的照片，但一周左右就没东西可拍了，于是想着"久违地试试画画吧"，就此开始了插画创作。

脑洞插画竟然收获不少好评和意外的关注，甚至来自海外的反馈都如此之快，keigo 在震惊之余，彻底成了社交网络的俘虏。keigo 认为向全世界传达有趣的东西是最棒的快乐，他对《知日》说"我只是单纯地非常喜欢 Instagram"。信息时代改变人生，真的是这样。SNS 呼唤脑洞，甚至创造脑洞，信息时代的发达给了我们人类更多分享想象力的途径。

为什么 keigo 的作品会吸引如此多的粉丝呢？keigo 的作品最大的特征是"脱力的构思"，其特有的"无力感"具有中毒性，让人看了一幅

就忍不住想多看几幅。作品中登场角色的表情多是严肃脸，keigo 说，这就是日语中的"真颜"（郑重其事、严肃脸），这样的表情能够营造出画中空虚、徒然、毫无办法的空气感。奇特却使人上瘾的严肃脸角色，是作品的重要笑点和槽点，所以 keigo 的插画角色八成左右都是面无表情的，而且，据说画画的时候，作者跟画中角色是一样的"真颜"，想想是不是觉得特别有趣呢？

keigo 式插画，日常的描写非常多。为了让更多的人理解自己的插画，必须尽可能避免只有日本人才懂的场面设定，keigo 希望画出就算没有文字说明也能被日本人甚至外国人理解的有趣插画。因此，比起描绘无法想象的空想世界，存在

keigo 画画时，
他在想什么？

○ 避免太过用力、"啪"的一声温柔敲开鸡蛋……把这样的想象跟运动结合起来试试看了。初期只用铅笔和钢笔作画，几乎不上色，色彩相对灰暗的插画比较多。

○ 这次的主题是"夸张地表现理所当然的事情"。小鸡的表情也包括在内，是我最喜欢的插画。

于每个人的经验和记忆里的日常事物更适合成为基础，再加上稍微错位的表现手法，keigo 成功给我们带来了欢笑。所谓"错位的表现手法"，具体来说就是常以长颈鹿、兔子、大象为主角，这些动物都有着与人类极端不同的特征，长脖子、长耳朵、长鼻子，而且长得过头了，所以将它们与人类日常生活置换的时候，因为这些特征所带来的使用人类物品时的困扰、不幸等各种脑洞不断浮现。keigo 作品中长颈鹿的登场率是最高的，比如跳绳时，因为跳绳长度比脖子还短而被绊住的场景，或是与人合照时，因为脖子太长导致脸无法入镜的窘况层出不穷，带来无限笑料。

现在 keigo 依然几乎每天都在 Instagram 和 Tumblr 上更新脑洞作品，有时有人会在评论区好奇："你是什么人？"考虑了很多之后，他回答道："普通职员。"这个回答应该是最为准确的吧。有趣的是，keigo 的妻子不时会留下"去把澡洗了"之类的命令口气的评论。

keigo 常在家人吃饭、看电视的房间里作画，甚至有时躺在床上画，手绘后将作品导入电脑，添上色彩就算完成了。没有专业的制作房间，只是在普通的家庭内，靠着脑洞和"手掌大小的美术馆"，将生动有趣的作品呈现给世界。

通过创作插画，一位普通上班族改变了他的人生轨迹，想必今天 keigo 也抱着对插画的感谢，正构思创造着新的故事吧。

○ 平时想不出点子时会随意决定一个主题物体，一边盯着它看，一边添加或者减少内容，试验着接近完成品。这幅插画也是这样，给铅笔加上什么会变得有意思呢，各种试验之后，最终将铅笔的"细长"（高个子）与"易折断"这两个形象结合起来进行演绎。

○ 因为能够夸张地表现原始与现代的差异，所以我经常画原始人。像这样将两人并排进行对比的构图也经常使用。

○ 虽然有以蔬菜和水果为主题的插画，但苹果是出现得最多的。也许它拥有什么与别的蔬菜水果不同的魅力吧，我自己也说不清楚。苹果的表情修改了好多次，让"他"稍微嚣张了一点儿。

○ 这是我回顾至今的人生画出的一幅作品。

○ 某个休息日的早晨，醒来后马上浮现了这幅构图，在迷迷糊糊的状态下拿起了画笔，所以成品稍微有点儿粗糙。这幅插画之后，长颈鹿和兔子组合登场的次数多了起来，而大象因为会使空间变得拥挤，所以被减少了出场机会。

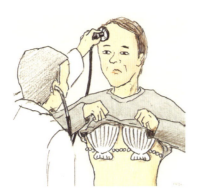

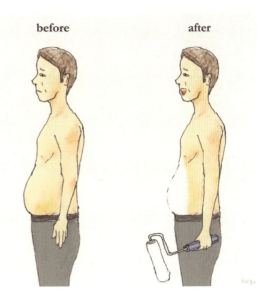

before　　　　after

○ 虽然看起来有点儿胡闹的感觉，但两个人都是认真的。过去数次描绘过跟听诊器有关的场面，这次利用了相对无言、画中人不能笑的空气感来制造看画人的笑果。

○ 经常看见的减肥 before 与 after 的比较图，因为是非常易于理解的比较，所以我不时应用在自己的画中。而我表现的经常是不可能的对比。

○ 在电视上看到熊猫后背的瞬间浮现在脑海中的草图。我最喜欢大熊猫了。

keigo

「所以，既想做自己喜欢的动画，又希望别人能够喜欢自己的作品的话，首先你对自己作品的热爱能否传达给别人，这是作为导演需要考虑的事情。」

——动画导演 庵野秀明

日本アニメーター、荒野への進出！

日本动画人，向荒野进发！

塔塔君 / text

Teki / interview

沐卉、张艺 / edit

叶修 / photo

khara / picture courtesy

性感的兔女郎和吉恩机器人、黑武士、异形刀枪对决，

之后又穿过一系列《奥特曼》（ウルトラマン）里的怪兽。

接着她又像冲浪一样踩着飞剑，

飞过印有 DC、漫威的超级英雄的板画，

掠过永井豪笔下的《魔神 Z》（マジンガー Z）和

《甜心战士》（キューティーハニー）。

整个世界宛如陷入乱世，

在各路人物的炮击中被毁灭了。

半晌，无数的花草树木钻出荒芜的地面，

万水千山在一瞬间诞生，

最终出现了无数科幻作品人物，

宛如希望之光般照亮整个世界……

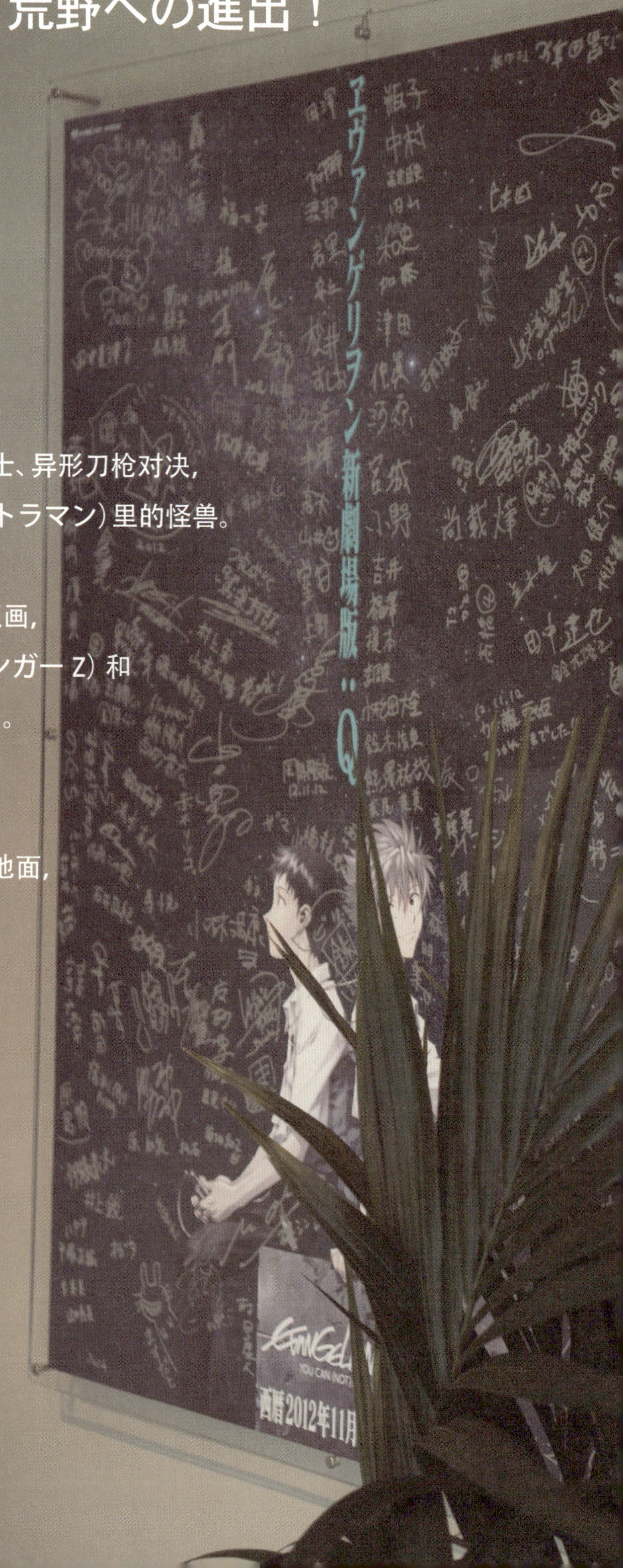

a.

株 式 会 社 Khara，
《新世纪福音战士》剧
场版系列诞生的地
方。在这张《新世纪
福音战士新剧场版：
Q》的海报上面，留下
了参与过作品制作的
动画人的签名。

1983 年，庵野秀明所属的同人社团 DAICON 自制的日本 SF 大会开场动画震惊了当时的日本动画界。这群年轻"御宅王"（冈田斗司夫语）开拓着当时日本动画界的荒野，创立了最宅的动画公司"GAINAX"，1995 年，他们以《新世纪福音战士》（新世紀エヴァンゲリオン）引领社会潮流。沧海桑田，如今的"后 EVA 时代"又是一片荒野，动画创作是更自由了，还是机会更少了？

出于探索未来动画创作发展的可能性，2014 年 11 月，庵野秀明带着他的动画公司 Khara 和 NICONICO 动画的母公司 DWANGO 为业界腾出一个没有商业纷扰的自由动画创作平台——日本动画（人）博览会短篇动画企划，该企划还拉上了宫崎骏和铃木敏夫分别为此题字和为题字上色，两个老牌声优山寺宏一和林原惠为所有作品献声。仿佛在向日本动画人们发出挑战：钱和演员都准备好了，动画人们，谁敢上？

这样的企划以前并不是没有，从 2010 年开始，日本文化厅每年斥巨资举办青年动画制作者育成计划，也就是我们熟悉的"动画未来"（现已改叫"动画之卵"）。相比较而言，日本动画（人）博览会的自由度更大。在这样的环境下，一群有才能的人聚集在一起，誓要把日本动画的脑洞挖出个新天地。

＊老害：萌战术语，多做黑语使用，意指在萌战里，多年参与其中的动画角色，它们经常挤掉有前途的新番人物，所以被称为"老害"。

首先介绍几部专门让"老害"＊施展拳脚过把瘾的作品。

《西荻洼站步行 20 分两室一厅押金二个月宠物禁止》的导演是前田真宏和本田雄，前者是动画公司 GONZO 的创立人，近期还参与了《疯狂的麦克斯：狂野之路》的设计工作；后者年纪轻轻就担任作画导演，业内人士称他为"师匠"。该片讲述女主梦见自己变成蟑螂被同居男友驱赶的故事，其中的动画技巧让人目瞪口呆，大量的背景动画一直被作画爱好者津津乐道。

《I can Friday by day! 》则是鹤卷和哉一如既往的想象力爆发的作品。这个动画里的人类都是机器人，情感、行动都由小松鼠一样的动物控制，一个人类女孩暗恋一个男孩并和情敌展开战争的行为却成了这些小动物军队严肃的任务，风格怪诞可爱。鹤卷和哉是 Khara 的董事和作画部长，平时也带了不少新人，他导演的实验动画《FLCL》最为出名。

《until You come to me.》是《EVA》系列的衍生作品，导演平松祯史，作画水平非常高。上面提到的人（除了前田真宏）都是作为早期和庵野秀明奋斗至今的老将。

接着我们关注一下这个企划中的三个值得注意的新人，分别是樱木优平、井关修一、吉崎响。

樱木优平是《新世纪 Impacts》的导演。因为他憧憬 Khara 和《EVA》，《新世纪 Impacts》便设定在"EVA"世界观下展开故事，讲述了居住在第三新东京都的一个网络偶像团体里的三个少女因为躲避使徒攻击不得不相互别离的故事。这个动画是用 3DCG 做成，不过和大多数好莱坞越来越接近真实的 3DCG 动画不同的是，这种 3DCG 动画极力偏向手绘风格（这也是日本 3DCG 动画的发展潮流）。樱木优平正是追求这种模仿手绘风格 3DCG 动画的新晋导演。即使樱木曾参与过《花与爱丽丝杀人事件》这种大作，但因为经验尚浅，他还是在这个短篇动画制作期间碰了不少钉子，配音期间也被声优林原惠责问，却一时无言以对。这几乎是所有新人导演都会遇到的难题。

b.

c.

d.

b.《西荻洼站步行 20 分两室一厅押金二个月宠物禁止》（西荻窪駅徒歩 20 分 2LDK 敷 礼 2 ヶ月ペット不可）© nihon animator mihonichi LLP.

c.《I can Friday by day! 》© nihon animator mihonichi LLP.

d.《新世纪 Impacts》（新世紀いんぱくつ）© nihon animator mihonichi LLP.

e,f.《ME! ME! ME! 》© nihon animator mihonichi LLP.

g. 由宫崎骏题词的日本动画（人）博览会标志。

e.

f.

具象，以恐怖片的方式表现，脑洞十分丰富，视觉语言令人目不暇接。最终成片反响非常好，也在网络引起大范围讨论，网友们对此片解读十分丰富，不过真正有着什么意涵，吉崎响没有给出答案，或许这两个疯子连自己也不知道在做什么吧。

日本动画（人）博览会从开始到最后一集播放历时一年，这个企划改变了所有人。井关修一被邀请到《龙珠超》（ドラゴンボール超）剧组担任作画导演，吉崎响也迎来了新的工作，樱木优平被宫崎骏邀请参与他的新短篇动画的 CG 动画制作。有意思的是，宫崎骏曾经表明非常讨厌 CG 动画，坚持手绘动画，没想到在古稀之年有所转变，让人惊喜。荒野依旧是荒野，但每个人都走出了下一步。

大学时代的庵野秀明经历了动画界的变革期，1979 年的《机动战士高达 0079》（機動戦士ガンダム 0079）革新了日本动画，后来又涌现了《超时空要塞》（超時空要塞マクロス）等划时代作品，宫崎骏也是从那时开始崭露头角……那是一个充满机会的黄金时代。当时庵野秀明也想要做出能和这些作品在历史上齐名的作品，这种信念让他对动画一直抱有热情。新一代动画人大多数是受到《EVA》影响而进入业界，将对动画的热情薪火相传。这份不随俗流的匠人精神是日本动画（人）博览会过后绝不会改变的东西。日本动画（人）博览会的最后一集《磁带女孩》就致敬了DAICON 的那部短片，回归原点。

有人问庵野秀明："'日本动画（人）博览会'对你来说是什么？"

"应该是爱吧。"

导演吉崎响和原画师井关修一是《ME! ME! ME! 》《GIRL》的主创。井关修一一直支持着吉崎响做个人动画，并且在这两部动画里担任作画导演和人物设计。井关修一在 NHK 为 Khara 拍摄的纪录片《庵野和我们的鲁莽挑战：日本动画（人）博览会》（庵野さんと僕らの向こう見ずな挑戦 日本アニメ（一ター）見本市）里说过，他不想像他的老同学一样浑浑噩噩地过日子，还想追求作为动画人的梦想。因为和本田雄共事，他不得不逼迫自己追求更高的目标。吉崎响因在《EVA》新剧场版中表现出色而被提拔为导演，不过，他可是一个变态（褒义）。《ME! ME! ME! 》里那种色气妖艳的风格和充满性暗示的画面便是他极力坚持的成果。制作这部短片时为了找灵感，吉崎不断上网找穿情趣内衣的裸女图看，在一旁看着的庵野秀明也不禁感叹道："能在公司看色色的东西真不错。"除此之外，他的工作态度也是非常认真的，光是一个眼睛的设定就让井关返修数次。

《ME! ME! ME! 》中的男主角沉溺虚拟世界的美好，落入了娱乐至死的陷阱，终致现实生活一塌糊涂。这个故事并没有用非常直观的叙事来表现，动画不仅配合音乐做成 MV，还用了诸多元素代替

g.

日本アニメ（一ター）
見本市
—題字ハヤオ—

interview ··················· 庵野秀明　吉崎响　井关修一

"日本动画（人）博览会的作品在内容上比起要做新的
东西，更注重的是对日本动画的再发现、再创作，挖掘
出一些被遗忘的部分。"——庵野秀明

庵野秀明

动画导演、Khara 董事长。1960 年生于日本山口县。动画从业初期曾参与过《超
时空要塞》的制作和《风之谷》的原画设计工作，其代表作有《新世纪福音战士》《不
思议之海的娜迪娅》等。2006 年成立了自己的动画制作公司 Khara，是日本动画
（人）博览会的发起人和总制作人。

知日　在《新世纪福音战士新剧场版：Q》之后，你并没有继续推出剧场版，而是开始了"日本动画（人）博览会"这个项目。请问这其中的契机是什么？选择"短篇动画"切入的原因是什么？

庵野　我在看《新世纪福音战士》系列的作曲者鹭巢诗郎的宣传短片的时候，觉得短篇的动画也挺有趣的，因为短，所以内容可以很紧凑，制作预算也不高，而且短篇动画可以吸引更多人来尝试。长篇动画需要筹措资金，内容上不能有太多冒险，短篇动画说白了就算内容很无聊也没关系，成本风险不大，可以形成一让更多人来尝试的平台。现在的日本动画缺乏一种"应对性"，种类不够齐全，就像大海里，什么鱼类都有，首先要有繁多的种类，然后才是适者生存。日本动画要么是像《面包超人》（それいけ！アンパンマン）那种面向儿童的作品，要么是有漫画原作的，要么是深夜动画那

种面向宅男群体的作品，作品种类其实很有限制。20 世纪七八十年代的日本动画其实种类更加繁多，包括特摄作品等，现在反而作品类型越来越少，心里总觉得有点儿冷清、无趣。这个项目也是在这样的想法上开始执行的，希望能够发掘与激发更多类型的动画作品。

知日　日本动画（人）博览会这个项目与之前的动画制作有什么不同之处？

庵野　不同倒是没有。日本动画（人）博览会的作品在内容上比起要做新的东西，更注重的是对日本动画的再发现、再创作，挖掘出一些被遗忘的部分。但是现在的表现手法改变了，动画的趣味性还可以表现在比如与音乐的结合、更加数字化等方面，然后这一优势在短篇动画上又能表现得更加明显，也就是表现手法上比较创新。

比如说通过摄影实体之后直接转化成

动画的手法，或者将漫画的分镜直接转换成动画的技术，现在也都能实现了。这些手法比较难运用在商业动画的制作上，因为在制作长篇动画时要遵从赞助商的意见，没法玩那么多新花样。虽说在有限的可能性里面也是要尽力去做出有趣的作品，但如果在一个更加纯粹的环境里去创作，那么这些可能性也会升华，这也是我们日本动画（人）博览会最有优势的地方。为了能够挖掘并实现动画制作最有趣的部分，而成立了这个项目。

知日　这其中的预算是如何协调的呢？

庵野　预算基本上是以一部动画 5 分钟左右来计算的，基本没有什么剩余。这个项目等于是给很多动画人一个自由表现的机会，这个平台可以实现在电视动画或者电影动画上做不到的事情。这个项目本身就不是用来赚钱的。

知日　在之前的日本动画中你最喜欢的动画是哪些呢？

庵野　20世纪70年代有很多优秀作品，其中比较经典的《宇宙舰队大和号》(宇宙戦艦ヤマト)、《机动战士高达》等，在当时非常流行，就算到现在也陆续着续篇。当时流行的作品，在几十年后依旧在更新，我觉得这点相当厉害。

知日　你觉得日本动画与其他国家的动画相比较，有什么特点呢？

庵野　日本的动画无论评价是好是坏，都不太具有世界性，像迪士尼、皮克斯这些公司的作品就比较全球化。日本动画只做自己想做的、自己看到的东西，非常细微，非常私人，不是那种受众群可以从孩童到老人的动画。表现的范围比较有限，用日语来说就是很"尖钻"(尖った)。而且日本是个很和平的社会，对孩童拿着枪啊这类关于战争的题材并不特别反感，自由度很高可以说是日本动画的一个特征。因此国外的一些人群会喜欢日本动画，日本国内的环境非常宽松，从儿童到学生，再到一般社会人都喜欢看动画。

知日　庵野导演之前曾说过，从未考虑过外国人怎么接受自己的作品，你一直只表现自己世界观的原因是什么呢？

庵野　因为首先我不懂英文，所以没办法制作出迎合外国人的作品，本身精神世界就是不一样的，我是土生土长的日本人，所以也只能制作些同样环境或语境下成长起来的人能够明白的作品。在此之上也许能够做些表现内容的扩展，但是针对美国或者中国观众去创作这件事是没办法的。我不会中文，因此没法创作出在那个语言环境下的作品。我听说在中国，分普通话跟其他方言，有时候会因为语言不通而无法交流，这一点相当有趣。所以在语言的限制下创作，大概也只有那种针对儿童的作品可以被接受吧。在面向儿童的动画上比我优秀的大有人在，而我没法做出那种类型的作品。

但是短篇动画没有语言的限制，像是《ME! ME! ME! 》就只有带类似英文唱词的背景音乐，就算不懂日语，动画想要表达的情感是世界共通的，大概哪个国家都有动画中出现的那种男人(全场笑)，所以只要了解画面表现的东西就行了。其实在开始日本动画(人)博览会项目的时候，我们有一个

坚持就是每部动画都要加英文字幕。每部作品在上线的时候都是要加好英文字幕的，只要有了英文字幕，在那基础上观众都会自动翻译成西班牙语、中文等其他语言，比起翻译日文字幕，英文字幕更加容易被世界范围的观众所接受。内容上可以自由地表现，然后在传播方法上是面向世界的，《ME! ME! ME! 》就是这样一个成功的例子，确实在国外获得的点击数比在日本国内多很多。

知日　日本动画(人)博览会的原动力是什么？

庵野　做这个项目是想要埋下一些希望的种子，埋下种子后浇些水，之后会不会发芽目前还不知道，因为不是商业项目，但是希望今后能够以此为契机发展吧。就像是一个庆典，也就持续这一年两年，但在庆典的当时能够给大家留下一些回忆也是挺好的。

i.
《ME! ME! ME! 》动画场面

interview⋯⋯⋯⋯⋯⋯ 庵野秀明　吉崎响　井关修一

> "我的出发点只是想要做出一个有趣的作品，但我看了评论之后深受启发，写评论的人原来是站在这样的角度来看这个作品的。"——吉崎响

吉崎响

动画导演，1980 年生于东京，隶属 Khara 动画制作公司。曾参与过《新世纪福音战士新剧场版：Q》的制作。2014 年，其首个原创导演作品《ME! ME! ME! 》在日本动画（人）博览会上引起了极大反响。

知日　成为动画人的理由是什么？受到影响的动画作品是什么？

吉崎　我其实不算是动画人，在日本，动画人的定义是指绘制动画原稿的人，我属于动画导演、动画统筹，我虽然也曾经想要成为动画人，但当时有很多不得不放弃的原因。要说进入动画业时深受影响的作品，小时候是看吉卜力的动画，高中时看了森本晃司*导演的歌手石井贤（Ken Ishii）的《Extra》的 MV 之后，感受到原来动画还能运用到这上面，印象很深。同一年，庵野导演的《EVA》系列开始在电视上播出，这几个契机让我开始迈向动画的世界。

井关　因为我出生在动画已经很普及的年代，动画对我来说就像是一种玩具。我从小在收看动画的环境里成长，影响我的作品是《EVA》，第一次在动画中看到那样表现慢动作，觉得很厉害。从那时开始还没有什么要成为专业动画师的意识，只是觉得喜欢动画，然后开始模仿线条，加上颜色，然后进一步用电脑让画面动起来。在长久的过程中觉得自己很喜欢这个制作过程，与其说成为动画人，不如说是在不知不觉中就迈进专业的领域了。

知日　参加日本动画（人）博览会项目的契机是什么？对自己有何影响？

吉崎　我在做《ME! ME! ME! 》统筹的时候，正好差一个角色设计的人，经过介绍找到了井关。我加入日本动画（人）是在参与制作《新世纪福音战士新剧场版：Q》之后，认识了电影制作人，正好在这个项目建立的初期制作人问我想不想做些有趣的事情，就把我招了进来。然后我想找风格比较波普、人物设计比较鲜艳的角色设计师。在看了很多井关的手稿与作品之后，我向制作人跟 Khara 推荐了他作为角色设计。这也算是我们一起工作的一个契机。

井关　真的很突然就来了。（吉崎）突然跟我说有这事，我还想说说真的假的，以前没做过啊。不过因为是做短篇，登场人物也不是很多，我就想说干脆尝试一下，没想到后来反响还不错。现在我也是在参与其他的制作，当然包括导演在内每天都要做很多修整，也是各种不容易。

吉崎　作为导演才是不容易好吧，要经常逼自己拿出更多东西。

井关　导演最不容易，但我觉得自己还不够，毕竟也就是个刚起步的新人，但《ME! ME! ME! 》的影响给我带来了很多机会，所

*森本晃司（1959 年 12 月 26 日～ ），日本动画导演。出生于日本和歌山县。大阪设计师专门学校毕业后，曾于动画制作公司 Madhouse 任动画师一职，后加入 STUDIO 4℃成为创始人之一。其妻子福岛敦子也是动画制作者。

interview ·················· 庵野秀明　吉崎响　井关修一

"他的作品非常清晰地展现了他本来的样子，因此周围
的人才会想要追随着他，跟他一起前行。"——井关修一

井关修一

角色设计师，毕业于东京艺术大学，隶属 Khara 动画制作公司，《ME! ME! ME! 》
的原画担当。今石洋之评价他是"动画时代以来拥有无与伦比作画技巧的人"。

以我觉得日本动画（人）博览会这个项目非常锻炼人。

知日　那么这也算是你进入 Khara 的一个契机吗？

井关　也不是，当初吉崎导演来找我的时候，我真的只是想要尝试一下便答应了下来，觉得能够帮上什么忙就行，现在能够继续在这里创作也算是对导演的一种报恩。不好意思啊，好像说得很随便就这么进来了。

吉崎　没有没有，他还是很认真地在作画的。在这个工作室的年轻人真的每个人都是对《EVA》抱有憧憬才进来的，大家有朝一日都想参与制作。

知日　实际进入 Khara 之后觉得庵野导演是什么样的人？

吉崎、井关　嗯……（沉默）

知日　因为导演本人在不太好说是吗？（笑）

庵野　我去下厕所。

（全员爆笑，庵野导演退场）

吉崎　庵野导演就是这样（照顾周围）的人。在动画制作上非常严格，个人喜好很明显，有很多不会妥协的部分，但实际上向他请教的话，他很愿意与你分享，像是全权交给你的就放手让你做，对我来说就像是位优秀的父亲，同时也是神。本身进入这个行业也是深受庵野导演的影响，所以他是我在这条道路上的神。

井关　我觉得他是一个非常率真的人。感觉一般的社长都是高高在上的印象，伪装自己只给大家看到威严的形象，也不会示弱。庵野导演却非常真实，就算被看透了也不去隐瞒自己，而是继续做着自己该做的事。所以这样反而会将大家聚集起来一起做事情，从他身上我学习到了这一点。

吉崎　他不会戴着有色眼镜去看事情，也

就是说对事情不会带着偏见，而是非常率真地去接受事情本身的缘由，非常简单而直接，然后将看到的东西很原本地转换成自己的作品。

井关　他的作品非常清晰地展现了他本来的样子，因此周围的人才会想要追随着他，跟他一起前行。

知日　创作《ME! ME! ME! 》时最困难的部分是哪里？

吉崎　因为这是我首次担任导演的作品，所以开始的时候，在动画制作的规则与专业性上完全空白，像是跟原画讨论时要用到的每一页都标有数字的原稿该怎么处理，该怎么跟每个环节的人员下指令，不懂的东西太多，所以就老是要去请教井关然后被他骂。（笑）

井关　当然不是真的生气，就是告诉他这时候该这样写之类的。

| NUM. 01 | TITLE SFF HIBIKI (タイトル未定) イメージスケッチ v01 | Hibiki |

NUM	PICTURE	CAPTION
SC A IMG 01		悪夢にうなされて 飛び起きる主人公。
SC A IMG 02		夢だったことにホッとする。 ⑤ 狭く、散らかっている部屋。窓からは朝日が。 デスクには作りかけのフィギア、棚にはフィギア、コミック、DVDやグラビア誌がぎっしり。ゲーム、エアガン、雑誌、コンビニ弁当のゴミ、脱ぎ捨てた服など、かなり不生の様子。
SC A IMG 03		デスクの端に置かれたデジタルフォトフレーム。 ふと、楽しげな2ショット写真が流れる。
SC A IMG 04		うつむいて目をそらす主人公。 (元カノ? 一体何が?) (見たくないならデータを消せばいいのに。それすらもめんどうで放置している)
SC A IMG 05		アパートから出勤していく主人公。 (手ぶらでイヤホン、持ち物はケータイのみ。枝寄ではないバイト暮らしか。) ジリジリと暑い真夏期。 通り行く女性に萌えてる主人公。

j.

j.《ME! ME! ME! 》
分镜图
k.《ME! ME! ME! 》
原画画稿

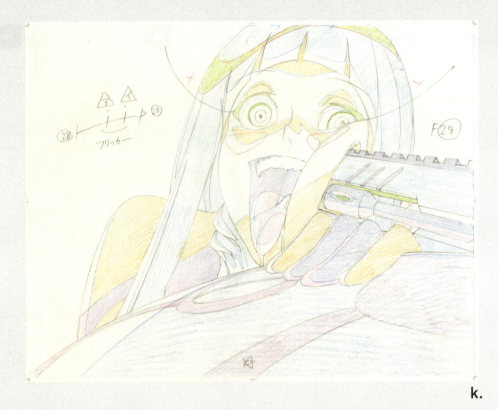

k.

吉崎　确实花费了不少精力, 因为有 100 多个场景要看, 而且有时候我还会下些更加细节的指示。

井关　不过他作为导演要把关拍摄制作的方面, 而我则是负责作画的方面, 相互就是各取所长, 所以当我看到自己的画变成动画的时候也是很惊讶。

吉崎　不做出来不会意识到我们的做法跟日本一般的动画做法确实不一样, 在制作方法上有普通的长篇商业动画做不到的地方。

井关　参与人数很少, 也有时间的限制。

吉崎　而且所有事情都是第一次尝试, 这算是比较困难的部分了吧。

知日　《ME! ME! ME! 》的画风很独特, 创意是如何诞生的呢?

吉崎　刚开始的时候就是想做个动画加音乐类似 MV 的东西, 并没有太多故事性, 后来觉得既然要做了那就加上些情节, 然后跟井关一起讨论该用什么样的角色形象。

井关　没有一定的情节的话, 我也没法想象该设计怎样的形象, 所以也经常跟吉崎导演一起讨论, 比如其实那个女孩是主人公的前女友什么的, 或者是被甩了什么的。带着要挖掘内心深处的想法, 在这个过程中会找到与自己经验重合的地方。

吉崎　当然也会把自己的一些经验放进创意里, 但在这只有男女的世界上, 大部分人都会有这样的共鸣。如果动画只有线条会很无聊, 所以用很波普的色彩, 加上音乐什么的。到底在讲什么故事, 真的任由大家想象。周围看过的人也会说这种废柴的男人也是有的啊, 大概就是这部分让大家很有共鸣。

知日　中国粉丝在分析《ME! ME! ME! 》的时候指出它其实是在隐喻现在的日本动画产业, 请问你们对这个作品有着怎样的解读呢?

吉崎　这个分析好像我也看过, 大概就是像刚才庵野导演说的日本动画目前以深夜动画居多, 导致动画的粉丝都只往这个方向聚集, 动画作品没什么应对力, 从而导致动画行业也只往这种 " 宅向 " 动画投资, 所以才有除此之外动画人做不了其他的说法。关于《ME! ME! ME! 》这个作品是不是对这一现象的一种讽刺, 我只能说我的出发点只是想要做出一个有趣的作品, 但我看了评论之后深受启发, 写评论的人原来是站在这样的角度来看这个作品的。

知日　井关设计的《ME! ME! ME! 》与《Girl》都是以可爱女孩子为主, 请问灵感来自哪里?

井关　《ME! ME! ME! 》加入一些自己的体验, 然而《Girl》是已经有一定的指示之后创作出接近导演要求的形象, 然后像是女孩子的眼睛, 如果按照人本身的比例去画, 在画面上看起来就太小, 所以我的设计比较脱离现实。简单点儿说, 就是尽量让人物不要那么真实。

吉崎　《Girl》这个作品本身是为歌手 DAOKO 创作的 MV, 算是设计了一个跟她气质比较接近的角色。

l.《ME! ME! ME!》
原画画稿
m. 动画人的画笔
n.《EVA》手办安静
地待在 Khara 的办
公室一角

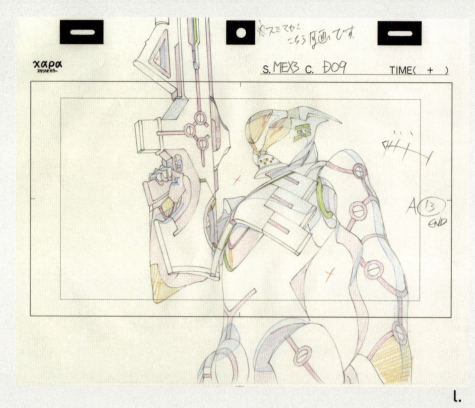

l.

"一味地只为自己创作，别人是
无法有共鸣的，最重要的还是制
作出能够传达自己对这个作品
喜爱的热情的作品。"
——庵野秀明

知日　能够创作自己喜欢的角色、自己喜欢的作品是动画人的理想，怎样才能既做自己喜欢的作品，又能受到大家的喜爱呢？

庵野　制作时的标准很重要。制作影片时，导演就是标准，判断什么是好的、如何实现，虽然方式是好的，但时间有限该用什么替代方案去达成，最低限度做出来的东西得是导演本身喜欢的，这样才有可能赢得同样喜欢这个东西的人的好评。如果导演对做出来的东西都没有认同感，也不用指望其他人会对这个作品有兴趣。当然也会有人从导演意图完全相反的角度去发觉作品的趣味，比如说我虽然不喜欢这个东西，但是制作人喜欢，然后和制作人有同样取向的人也喜欢的

话，为了迎合制作人去制作，也是导演需要肩负的。所以，既想做自己喜欢的动画，又希望别人能够喜欢自己的作品的话，首先你对自己作品的热爱能否传达给别人，这是作为导演需要考虑的事情。当然作画一样，只有画出的是带着自己热情的作品，喜欢的人自然会聚集而来。一味地只为自己创作，别人是无法有共鸣的，最重要的还是制作出能够传达自己对这个作品喜爱的热情的作品。

知日　创作动画时觉得最开心的时刻是？

井关　全部都很开心，复杂繁琐的时候也开心，能画自己喜欢的画也很开心，因为不管画什么，我都是尽全力去做。

吉崎　作为导演可以尝试各种排列组合，像是采用手绘还是 CG 让静止的画面动起来，这本身就足够有趣了，在那之上加上音

乐之类的元素，看到成品后觉得整体"很有趣""很棒"的时刻是最开心的。

庵野　学生时代觉得制作动画挺开心的，那时候拍摄下自己的作品，然后看着胶卷一帧一帧地动起来的时候觉得特别开心。但是成为导演之后就没什么开心的事了，要时刻保持紧张感。虽然做的事情很有趣，但是没法享受，开心这种情绪很轻松，但作为导演没有放松的时刻。基本上想要赚钱而投入这个行业的人很少，大家都是为追求钱之外的乐趣在工作。作为导演自己本身无法享受，而是要让更多人去享受这个作品。像是一些导演在接受采访的时候说什么"这份工作特别开心"，我觉得那都是废话，我本身不是这种类型，动画不下苦功夫是做不出来的。

吉崎　听了这番话算是有点儿明白导演都是历经磨炼这话的道理了。

庵野　年轻时候的多重磨炼与对自我的重塑，让我现在挺习惯于面对压力的。作为导演我肩负重大责任，而且经常会精神崩溃，但也就这回事了。●

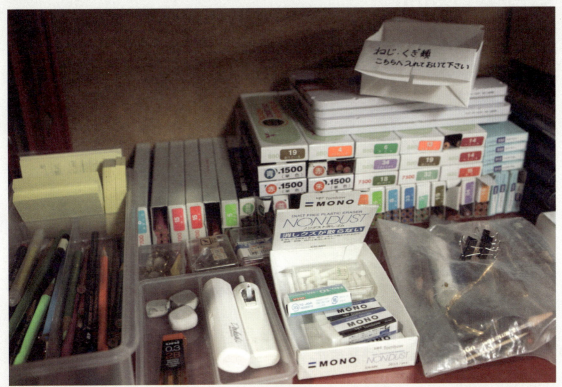

m.

n.

Space Dandy
X 次元への限り無い可能性

Space Dandy
向 X 次元延伸的无限可能

塔塔君 /text

沐卉 /edit

脑洞大的动画会有多可怕？

恐怕会让观众在屏幕前口是心非地

求制作班底快停止脑洞，

而制作班底呈现出来的动画依旧开足马力，

把动画的脑洞驶到另一个次元去——

单元剧动画《Space Dandy》便是如此。

Dandy 是什么？

这个问题留到最后解答吧。

太空浪子的传奇

1998 年，动画公司 SUNRISE 第二组在导演渡边信一郎的带领下，做完这部关于宇宙赏金猎人的动画《Cowboy Bebop》(中文名《星际牛仔》)之后，制作人南雅彦便拉着部分班底创立了新的动画公司 "BONES"，国内粉丝亲切称其为 "骨头社"。谁会想到 16 年后的 2014 年，渡边信一郎会带着他更为强大的班底在骨头社创造出新的宇宙传奇《Space Dandy》呢？作曲为菅野洋子，剧本撰写是信本敬子和佐藤大，除了继承了《Cowboy Bebop》一些主要班底，还增加了几十号主创人员，光是音乐家就有 26 个。每集更是让不同的剧本家、导演自由发挥——这些人几乎都是业界大腕。

不轻弹泪的浪子在无限的旅途中一脚回到过去，一脚迈向未来。和《Cowboy Bebop》一样，在同一个世界观下(正如这两个作品里的通用货币一样)，同样是宇宙公路片，同样是宇宙赏金猎人做主角，同样是致敬 20 世纪的美国文化，《Space Dandy》看似同途，却是 "殊归"。和押井守、富野由悠季一样，渡边信一郎本怀电影梦，却被《超时空要塞》系列主创河森正治劝入动画界，之后拍了其处女作《超时空要塞 PLUS》(Macross Plus)，所以他的动画带有电影的质感。如果说前者流露的是渡边信一郎对美国黑帮片和西部片的喜爱，那么后者便是渡边大玩特玩美国 B 级片元素的恶趣味。生在未来的 Dandy 却留着非常怀旧的 "猫王" 飞机头；长得像猩猩的反派 Gel 博士驾驶着一艘有着自由女神外形的太空船这一点，更是恶搞了 20 世纪 60 年代的美国科幻片《人猿星球》(Planet of the Apes)。加上大量复古的电子乐，这些元素已经给观众一种时空错乱的奇妙感。

说起太空船的脑洞，这都归功于 Thomas Romain，一个来自法国的动画师。他是河森正治引荐给渡边信一郎的外援，他的加入为这部动画

带来了更多的异邦色彩。他还大胆加入 B 级片元素——让那个自由女神太空船叼上带恶趣味的口球。除此之外，他还设计了主角 Dandy 的带有夏威夷风格的太空船"阿罗哈"号——必要时还能变形成穿着沙滩装的机器人。

《Space Dandy》的音乐也是可圈可点，其原声曲专辑的制作人是渡边本人，能让此片成为音乐盛宴他不无功劳。从《超时空要塞 PLUS》就能看出渡边对影像伴奏的重视，他把初次参与动画制作的菅野洋子的电子乐与画面结合得天衣无缝。之后的《Cowboy Bebop》更是让菅野洋子玩遍了各种风格的音乐。菅野洋子也称赞过渡边的作品"比起配乐的运用，他的作品本身就很有节奏感"。

日本动画人的
天才嘉年华

《Space Dandy》的主线故事却用一句话概括足矣：宇宙赏金猎人 Dandy 和他的伙伴——吸尘器机器人 QT、猫科外星人阿喵在宇宙中探寻未知生物并被不明派反派追杀。在这么自由的前提下，主创们都磨刀霍霍，努力创作出最有趣的单元剧。在宣传期间，从片方发布的那条长长的 Staff 表就能看出骨头社的野心，就连《阿基拉》(AKIRA) 的导演大友克洋和"机动战士高达之父"的大河原邦男这些业界老油条也名列在内，俨然一个天才嘉年华。所以我们尝试挑选几个主创来介绍这部剧。

前文说到渡边信一郎对音乐的敏感，他还给好友的动画作品亲自当音乐制作，这其中就包括了汤浅政明的处女作《心灵游戏》(マインド・ゲーム)。《心灵游戏》完全表现出汤浅毫不内敛的才气，宛如嗑药了一般。荒诞至极的剧情，大量的蒙太奇运用，最重要的是对现实重构的超现实世界。汤浅的美术风格极其梦幻，也极其迷幻，为了达到画面演出效果，他甚至会扭曲透视，因此此《Space Dandy》汤浅负责的"我欲速则不达"一集中，其画风明显与众不同。除了美术设定，汤浅还在这集包揽了剧本、分镜、作画导演、演出（相当于单集导演）等重要职位。在这集里，Dandy 一伙跑去"男友星球"觅食，却遇到了鱼型外星人并

帮助他回到了母星"女友星球"。这个鱼型外星人认为母星可能会遭到毁灭，但他的这个想法却遭到了同类的唾弃，于是他自暴自弃，并在太阳接近母星时自杀，最终作为烤鱼成了 Dandy 一伙的盘中餐，汤浅的黑色幽默油然而出。

值得注意的还有《Space Dandy》第九集"植物也一样生存着"，这集讲述了 Dandy 来到一个居住着进化成智能的植物的星球，最终因为失去智能之源，这些植物全部退化成原本的植物形态，当初的智能就宛如一场梦。这集被一个叫崔恩映的韩国女子统揽了故事、演出、美术设定等主要工作，其风格和汤浅十分接近。她是美国热门实验动画《探险活宝》(Adventure Time with Finn and Jake) 的制作人，她还邀请汤浅给《探险活宝》导演了一集。

要说《Space Dandy》是天才嘉年华，还不得不说第六集"内裤与背心的战争"，这是三原三千夫的独秀。这一集故事的政治隐喻和讽刺意味极强，讲述了 Dandy 被卷入一个卫星上最后一名背心星人和最后一名内裤星人的战争，本该和解的两个人因为无法忍受和解条约而大打出手，最后同归于尽，内裤星人临死前还按下了导弹发射器，最终毁灭了整个星球。三原虽然是画原画出身，但在业界翻滚几十年后也混到了演出的职位，在这一集中，他史无前例地负责了故事构思。加上他强大的动画操控能力，不仅担任了分镜、演出、设定，还一个人画了几乎一集的原画，让人敬佩。

圆城塔在《Space Dandy》中负责了两集剧本，他是日本科幻小说界新星，并拿过芥川奖和菲利普·K·迪克纪念奖。先是第十一集"绝不会永远想不起你"，Dandy 在这集来到了拉格德星的图书馆，这里的外星人都是文字载体——比如一本书就可能是一个外星人。圆城塔在这集带来的是记录人类的媒介的思考。这种载体外星人都是要依靠生物才能思考，现实中书本也是得有人读了，其中的知识、思想才会在人类社会中发挥价值。在这集里的载体外星人除了书本，还有磁带、光盘，这些载体象征人类媒介的发展，媒介发展会革新人类的认识论，旧媒介会逐渐消亡。媒介被淘汰便相当于该媒介的死亡，所以该集中圆城塔的设定是，这个真理一旦被人察觉便会导致该媒介死亡。圆城塔还负责了第二十四集"不同次元

的故事"剧本，Dandy 在这集重遇了作为四维空间生物的前女友 Catherine，同时被二维空间宇宙入侵三维宇宙，让三维物体变成了平面的二维物体。为了表现出二维空间，该集还用了老式电子游戏的点阵图来表现，也模仿了红白机游戏的音效，十分有趣。由于 Catherine 存在于四维空间，她能看到所有空间、时间的 Dandy，但她只爱着某个特定空间和时间的 Dandy，即使这集的 Dandy 爱着 Catherine，却不是 Catherine 爱着的那个 Dandy。

《Space Dandy》剧组聚集的一群有才华的动画导演让该作加分不少。比如《Code Geass 反叛的鲁路修》的导演谷口悟朗，他一共负责了两集的分镜绘制，在由他担任分镜绘制的第七集"宇宙赛船危险至极"中，竞技画面让人印象深刻，其中的信息量庞大。值得注意的是，这集中还有《天元突破》的导演今石洋之所做的机械设计草案。又如负责第十集"明天一定在明天"分镜和演出的宫地昌幸，这一集 Dandy 一伙困于阿喵的家乡并且安于日常生活，然而喜爱冒险的 Dandy 决定要打破日常。曾经给宫崎骏工作过的宫地创造了一个和现实日本环境非常接近的星球来营造日常气氛。而渡边信一郎作为总导演，除了负责最重要的首集和结局一集的剧本外，还负责了第二十一集"没有悲伤的世界"剧本，这一集在观众中评价普遍最高，讲述了 Dandy 死后来到了没有悲伤的死者星球，渡边探讨了对活着和死亡的辩证见解，整一集宛如庄周梦蝶。不得不说的还有渡边信一郎的女徒弟山本沙代，受师傅的影响，她也喜欢做音乐动画。在《Space Dandy》除了负责了两集的分镜和演出工作外，她还导演了结尾曲的画面。结尾曲《欢迎来到 X 次元》(X 次元へようこそ）最重要的是揭示了该剧的世界观——《Space Dandy》的故事是由无数个平行宇宙发生的故事组成的。山本沙代也配合这样的世界观在结尾曲画面中对该剧埋藏了伏笔，这个伏笔也会在正剧中一点点儿显露出来，比如在上文所提到的"不同次元的故事"和"没有悲伤的世界"两集中便暗示了这一点（后者中，Dandy 死后去到了别的平行世界继续活着）。

《Space Dandy》正是利用了单元剧故事之间的相对独立性，每一集所展现出来的都是不同平行世界里的 Dandy 的故事，所以无论是 Dandy 还是 Gel 博士，即便他们在这一集最后死亡，在下一集他们还是会活蹦乱跳地登场。这种设定让《Space Dandy》是单元剧"这句话成了弥天大谎，每一个故事只是局部，每一集都是展现其中一种可能性，都不能独立存在。在这个故事里，就连旁白也开玩笑似的作为关键角色之一，直接跳出了故事的第四面墙，把观众、包括戏剧本身也欺骗了。

再说说骨头社。骨头社的宗旨是"做有骨气的动画"——这个只要是粉丝都知道，骨头社最重要的灵魂是不落俗套的魅力。除了有《钢之炼金术师》(鋼の錬金術師）这样"有骨气"的漫画改编动画作品，骨头社似乎更喜欢在原创动画上发力，因为原创动画有更多的伸展发挥空间。骨头社的第一部电视动画《机巧奇传希约战记》(機巧奇傳ヒヲウ戦記）便是自主原创的故事，爱好科幻与时代剧的编剧会川升在这部动画里对明治时期的真人真事加入了幻想元素，宛如讲野史一样。顺便说一下，骨头社最新的原创动画《混凝土革命～超人幻想～》(コンクリート・レボルティオ 超人幻想）也是会川升编剧，这次的幻想故事直面日本学生运动时期，重构了战后日本的燃情岁月。对于骨头社来说，脑洞支撑着这些拥有赤子之心的动画人的理想。从"后 EVA 时代"的机器人动画《翼神传说》(RahXephon）到挥洒青春的新概念机器人动画《驭星者 闪亮的拓人》(STAR DRIVER 輝きのタクト），从颓废黑暗的未来幻想动画《狼雨》(Wolf's Rain）到冰冷却带有几分温暖的超能力题材悬疑动画《黑之契约者》(DARKER THAN BLACK 黒の契約者），都带有骨头社的烙印，这些多样性冥冥中推动了《Space Dandy》的诞生。

最后要回答开头的问题：Dandy 是什么？在看《Space Dandy》之前你或许还能回答他是宇宙浪子，但看过《Space Dandy》之后你会更难回答这个问题，笔者也如此。渡边信一郎从《Cowboy Bebop》到《Samurai Champloo》，再到前年的《Space Dandy》，包括比较特殊的《恐怖残响》(残響のテロル），都在拍同一部关于浪子的动画，却又影射了渡边三观不断完善的过程。比起《Cowboy Bebop》中的 Spike 拘泥过去，苦于自身的有限，或许，Dandy 是无限的未知，是随波逐流的可能性。

BONES

「骨」にこだわるアニメ制作会社

BONES

一个执着于"骨气"的动画公司

沐卉 / text

日本动画公司 BONES 创建于 1998 年，建立者是 SUNRISE 动画公司第二工作组的前负责人南雅彦，以及其中优秀的动画人逢坂浩司和川元利浩。在至今为止的 18 年里，BONES 一共制作了近 50 部动画 TV，10 部剧场版，还有 10 多部游戏动画。在竞争激烈的日本动画界，BONES 一直保有自己的坚持，在动画制作上绝对称得上"业界良心"。

"想要做有血有肉，有棱角有骨气的动画作品。"这是南雅彦将工作室取名为 BONES 的由来，这也成为这个动画公司所有作品的灵魂所在。至于创建初衷，还要从日升说起。制作了《机动战士高达》系列、《CODE GEASS 反叛的鲁路修》、《银魂》等人气动画的日升，绝对是日本首屈一指的动画公司。日升最早创办于 1972 年，最先是以工作室的名义，并因资金匮乏，还接受了东北新社的投资将工作室取名为创映社，直到 1976 年才得以正式独立，以 SUNRISE 之名进军日本动画行业。日升的初创者曾经都是手冢治虫动画公司的部分职员，公司理念则是动画制作要以市场需求为核心。所以在 1997 年，作为《Cowboy Bebop》的动画制作人南雅彦，对市场的迎合让他感受到了在日升的拘束，在和该作品的原画监督逢坂浩司的一拍即合下，加上川元利浩，他们集体跳了槽，成立了属于自己的动画公司 BONES。

骨头社是粉丝们对 BONES 的爱称，这家距今为止仅仅成立 18 年的动画公司凭借着过硬的质量和精妙的故事在能者辈出的日本动画界打下了一片天。有趣的是，作为从日升跳槽出来自己独立的骨头社，公司成立后的第一部动画作品《天空之艾斯嘉科尼》竟然是和日升共同合作所制，在这之后第二年大卖的《星际牛仔：天国之扉》一样

是和日升合作所制。成立初期的骨头社确实得到了日升的很多帮助，这与南雅彦和逢坂浩司多年积攒的广泛人脉绝对是分不开的。不过，真正让骨头社名扬天下的作品，则是 2003 年版的《钢之炼金术师》，战斗场面流畅，动画画面精致，剧情的承接和设定都拿捏得恰到好处，这部绝对不输漫画的改编展现出的正是骨头社对动画高质精良的追求。在之后的 2009 年，《钢之炼金术师》被重制，除了一贯精良的背景画面和战斗场景，它几乎推翻了 2003 年的所有剧情设定。这两个版本直到现在都还在被争论不休，但不管是哪一方，都不会对骨头社在动画质量上苛求产生分歧。

除了《钢之炼金术师》，骨头社所制动画还包括《翼神传说》、《狼雨》、《交响诗篇》（交響詩篇エウレカセブン）、《樱兰高校男公关部》（桜蘭高校ホスト部）、《野良神》（ノラガミ）等，高评分动画绝算不少。对动画作品的高质量要求让骨头社不仅坚持着纯 2D 手工绘制，也从不吝惜成本。不过，或许是因为对作品的苛求致使曲高和寡，以及公司本身的"倔脾气"等各种原因，尽管骨头社的每一部动画都细心雕琢，却往往无法取得与制作质量所匹配的销量，也因为这样，骨头社被国内众多粉丝调侃为"暴死社"。但还是有更多的人表示，只要是骨头社的动画就一定会追；也很少有人会在看完骨头社的作品后在动画的画面制作上挑出毛病。

直到现在，骨头社依然保持着自己一贯的"硬气"风格，尤其是在很多动画公司为了迎合市场而不得不放弃一些动画本身应保有的特质时，还能不忘初心，这大概就是骨头社最为难能可贵的地方。●

a. b. c. e.

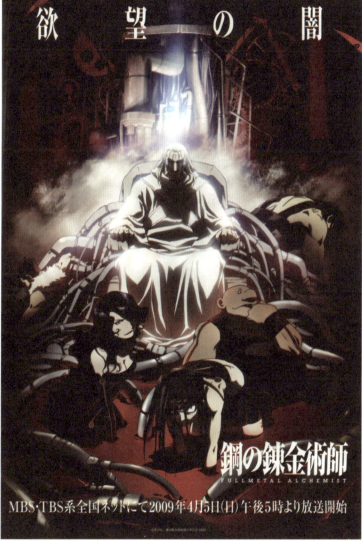

d.

f.

g.

h.

i.

a.《星际牛仔》
（1998 年）
b.《星际牛仔：天国之扉》
（2001 年）
c.《钢之炼金术师》
（2003 年）

d.《钢之炼金术师》重制版
（2009 年）
e.《翼神传说》
（2002 年）
f.《狼雨》
（2003）

g.《交响诗篇》
（2005 年）
h.《樱兰高校男公关部》
（2006 年）
i.《野良神》
（2014 年）

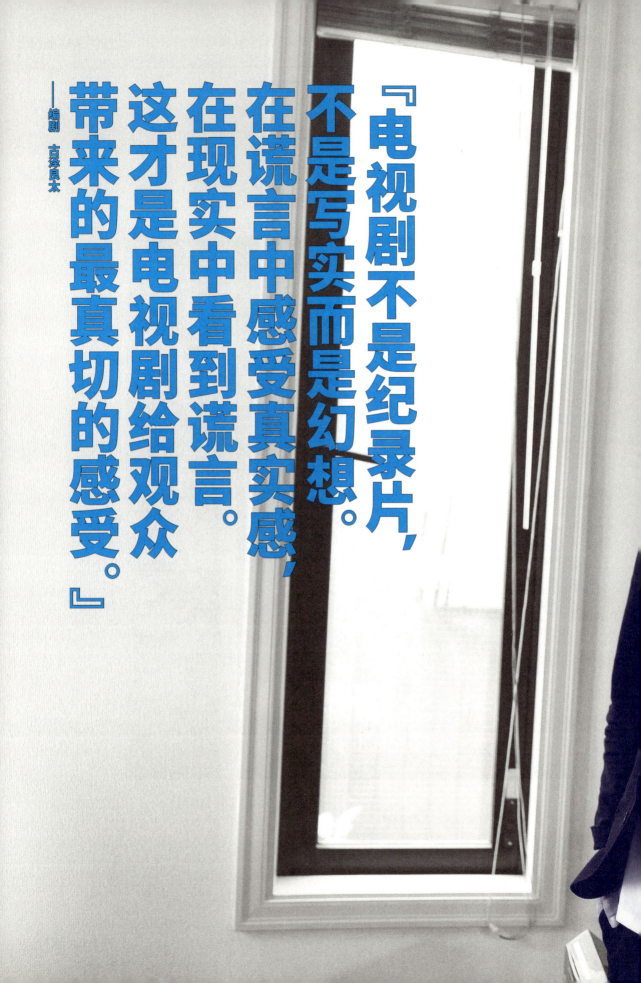

『电视剧不是纪录片，
不是写实而是幻想。
在谎言中感受真实感，
在现实中看到谎言。
这才是电视剧给观众
带来的最真切的感受。』

——编剧 古泽良太

『实际上，像《Legal High》这部剧，正因为现实生活中不会存在这样的人才会给观众一种冲击力。』

古沢良太
物語に時限爆弾が設置している

古泽良太
在剧情里安装定时炸弹

杨萌萌 / text

戴宁 / interview

叶修 / photo

张艺、沐卉 / edit

从《如月疑云》(キサラギ)到《相棒》,
从《永远的三丁目的夕阳》(ALWAYS 三丁目の夕日)
到《泡吧侦探》(探偵は BAR にいる),
从《Legal High》到
《约会~恋爱究竟是什么呢~》(デート~恋とはどんなものかしら~),
他在不同的题材里恣意驰骋,
两次斩获日本电影学院奖(日本アカデミー賞)
最佳编剧奖,
他所编剧的作品似乎都会受到追捧。
他就是日本最卖座的编剧之一古泽良太。

特集　脳洞

和大多数编剧一样，古泽良太毕业于日本文学专业。尽管现在他是名成功的编剧，但他从小的梦想却是成为漫画家。为了漫画里的剧情设置，他开始阅读编剧相关书籍，参加编剧大赛，意外发现自己很适合做这个工作。

别人向左，我就向右。从小他就喜欢以与众不同的视角看世界，挖掘事物的多样性和非主流认知的合理性。在作品《Legal High》中，他一反世人眼中惩恶扬善、伸张正义的正面律师形象，塑造了一个油嘴滑舌、诡计多端，视金钱为正义的主人公古美门。

在创作剧本时，编剧一般会通过剧情突转来实现剧本的结构设定，通常对主角也会有一个要求，要么成长，要么毁灭。在《Legal High》的剧情里，尽管古美门这一人物不时会有突转的剧情，但到最后他终究是个没有"成长"也没有"毁灭"的主角，怀抱"金钱即是正义"的价值观一条道儿走到黑，但又不会让观众发自内心地讨厌他。

或许塑造出这样的形象才是古泽良太所擅长的，不拘泥于一种价值观，存在即合理。

在台词设定方面，他笔下的人物总是能言善辩、字字珠玑。有人说成为他作品的演员需要很大的肺活量，一句台词说完通常都会憋个半死。他的台词总是让人忍俊，这一方面体现了他个人的幽默，另一方面也体现了他对作品趣味性的要求。

在生活中，古泽良太朋友不多，他的情绪与才华都安放在了作品里，所以每个角色都会有他自己的影子。他会悄悄潜入拍摄现场，看别人演绎自己的作品，感觉作品渐渐从自己的身体中分离出去。看着作品被搬上屏幕，他会觉得喜悦，也会觉得孤独。

知道自己擅长什么，不擅长什么。擅长的就将之发挥到极致，比如编剧。不擅长社交，不擅长在人多的地方，他也会尽量规避。

尽管获奖无数，古泽良太依旧笔耕不辍，表示自己会一直写到只剩下一具空壳。他没有把自己局限在某一类特定的题材，也没有沉溺在现有的成功中，而是在不断挑战不同的戏路。

古泽剧本的最大特色就是爱埋伏笔，喜设悬念。

在 2007 年上映的《如月疑云》、2008 年播出的《怪胎刑警》（ゴンゾウ～伝説の刑事）和系列刑侦剧《相棒》等悬疑作品中，古泽像布网一样埋下了纵横交错的伏笔，推理与人物环环相扣，层层叠进，导出最后一场压轴大戏。每次想下一步一定会这样的时候，剧情一定会背叛我们的猜想。

他曾经有一个很有趣的比喻，说自己喜欢在剧情设置里安装定时炸弹，他就是这么一个温柔的"恐怖分子"。制造有趣，埋下伏笔，爱设悬念，脑洞大开，随时等待观众引爆他的炸弹，大概就是他的意思吧。

b.
古泽良太的工作室，位于世田谷区的一处闹中取静的欧式建筑里，靠近地铁站，便利而优雅。

interview·············· 古泽良太

"一个成功的作品并不单纯取决于剧本的创作, 更多的是在平衡各个方面的关系中达到一个制高点。"

古泽良太

生于 1973 年, 毕业于东海大学文学部, 日本著名编剧、戏剧家。2002 年获得朝日电视台 21 世纪新人编剧奖, 开始编剧生涯。获得包括日本电影学院奖最佳编剧奖在内的诸多奖项, 作品风靡日本甚至亚洲。主要作品有日剧《相棒》《铃木老师》《Legal High》《约会 ~ 恋爱究竟是什么呢 ~》, 电影《永远的三丁目的夕阳》《如月疑云》《寄生兽》等。

知日 你大学毕业于文学部, 最早的梦想是成为一个漫画家, 是什么样的契机促使您从事剧本写作这一工作?

古泽 小时候我虽然和同龄人一样很喜欢看电视, 但是也非常喜欢画画, 所以在我还是中学生的时候, 就萌生了想做一名漫画家的梦想。为了成为一个合格的漫画家, 不仅要仔细研究漫画中的奥妙, 同时也应该从一些经典的电影电视剧中寻找灵感。从那个时候开始, 我努力去接触更多更好的电影。漫画有一种固有的节奏感和故事情节的结构, 为了能够巧妙地设置漫画中的故事情节, 我需要钻研如何创作一个环环相扣的剧本, 所以渐渐开始学习剧本创作。

知日 剧本创作是从什么时候开始的?

古泽 大概也是从中学的时候开始的。因为我没有拜过师, 也没有在专门的地方受过系统的训练, 所以学习创作剧本都是从看书和看电影当中慢慢体会和摸索出来的。

知日 作为一个中学生, 能够有一个明确的梦想, 并为之不停地努力, 这很难得。你是怎么做到在巨大的学习压力当中追求梦想的?

古泽 我一直没有认真学习过, 所以成绩平平。的确, 现在回想起来, 那个时候把所有的热情都倾注在追求梦想上, 从来没有认真考虑过除此之外我能做什么, 我该去做什么。考大学也是为了学习剧本创作, 所以为了可以升入一所还不错的高中, 初中毕业之前还是学习过一段时间。因为我的高中是后来入学的大学的附属高中, 能够顺利进入这所高中就等于一只脚跨进了大学的门槛。选择文学专业也是为了磨炼自己的文笔和构思。

知日 是什么样的动力让你能够一直保持对创作的热情, 并且使自己的作品一次又一次获得惊人的收视率和票房?

古泽 虽然我是有计划性地一步一步接近梦想, 但是我猛然间意识到, 比起漫画或许

我更擅长于创作故事。我从没想过我会像现在这样一心一意去创作剧本, 去编织故事。因为在我的印象中, 写剧本是一个非常暗无天日的工作。我当初认为以我的水平, 一定创作不出来能够给大家留下印象的作品, 但是我有想法, 有想创作东西的热情, 我只想把我自己想做的东西做出来。在当今社会从众人的眼光来看, 这个说法可能是过于简单暴力。但是不管是写剧本还是画漫画, 这一类型的工作都是没有任何社会保障的工作, 你不知道什么样的东西在什么样的时机会有什么样的反响。创作不出有影响力的作品, 等待我的便是惨淡又哀寞的人生。所以我有目标但没有奢望, 总之我想把自己身体里的那股创作力量最大限度地发挥出来。把我脑海中的所有构思全部变成作品, 会不会被看好不重要, 重要的是能不能做好。我善待我的每一份工作, 所以交给我的工作我都会全心全意做好。因为我没有天分, 所以我没有更大的野心, 没有那种想要取胜的欲望。我能做到的就是善待眼前。大学毕业时, 我虽然自己报名参加了剧本大赛, 但与其说名誉, 我考虑更多的是如何让我的构思成为一个有血有肉有灵魂的作品, 可能评委们感受到了我的祈求, 让我幸运地获得了剧本大奖。在那之后我才渐渐认为这条路或许可以继续走下去。也就是在那之后我才有机会去创作更多的作品。但是真正开始这份工作才意识到这份工作

c. 日剧《相棒》
（2005~2014 年）

d. 日剧《铃木老师》
（2011 年）

e. 日剧《约会 ~ 恋
爱究竟是什么呢 ~》
（2015 年）

f. 日剧《Legal High》
（2012 年）

g. 电影《如月疑云》
（2007 年）

h.《寄生兽》剧场版
（2014 年）

i. 电影《永远的
三丁目的夕阳》
（2005 年）

j.

"每一部作品都是我精心孕育的孩子，每一个情景都是没有办法被替换的，每一个故事的转折都是没有办法被简化的最佳状态。"

的艰难程度和孤独感。让我产生这个想法的是我的第一部作品，连续剧《动物医生》（動物のお医者さん），这个作品让我明白，一个成功的作品并不单纯取决于剧本的创作，更多的是在平衡各个方面的关系中达到一个制高点。等到我用尽了力量，掏空了大脑，可能我就不会再有创作的激情，那时候我会考虑做一个朝九晚五的上班族。

知日　《Legal High》《约会～恋爱究竟是什么呢～》这一系列的人气作品，是在什么样的情况下创作出来的？

古泽　我在接剧本之前就会酝酿作品的创作。因为一个作品不是谁说："从明天开始你要写一个什么什么样的作品"，我就可以立刻动笔像流水线一样开始工作的。一个故事从有灵感到有节奏感到最后成型变成有情有景的过程是一个从静态到动态的过程，需要经过深思熟虑，反复在大脑中彩排才能以文字的形式写出来。我的创作过程都是"独自演绎"的过程。我会把自己设身处地转换成剧里的人物，一人饰多角色，不停地在自己与自己的对话当中，自己反驳自己，最后战胜自己。如果在这个过程中我感受到了热血沸腾，那么我相信这个感觉同样也会感染到饰演角色的演员和观众。当我有了灵感，我会专心去思考一件事，不会立刻动笔写。因为立刻写出来的灵感是早产

儿，没有孕育的过程就不会有完美健康的结果。过早地将一个不成形的想法写出来，会被自己写出来的东西困住没办法发散思维，最后在一个很浅显的状态下，不得不使这个早产儿夭折。所以有灵感时，我从来不会做笔记。到目前我还没废弃过任何一部作品，因为每一部作品都是我精心孕育的孩子，每一个情景都是没有办法被替换的，每一个故事的转折都是没有办法被简化的最佳状态。

知日　如何去判断你所谓的"最佳状态"？标准是什么？

古泽　没有标准，没有正确答案。我会最大限度地尊重自己的想法，将原汁原味不受任何外界因素控制的，无重力、无引力的情节编制到一起。我要先感动自己才能感动别人。如果在创作过程中有情绪上的波动，我会将这个波动以一个完整的状态表达出来。

知日　在创作剧本的过程中，对故事情节的转变或者对角色的推敲上，你是从什么地方寻找灵感的？

古泽　我也很好奇它们到底是从哪里来的。当然我会从经典的名作名剧中去思考。不但有电影、电视剧，也有小说、杂志、电视广告。对，还有音乐！我在歌曲里面感受到的节奏感，它们都是有灵魂有生命的，这些生命力通过歌手的演绎和歌词的表达传递出来，而我也是在做同样的事情，只是方法不同而已。所以我会边听音乐边写剧本。从小，不管是和朋友或者家人一起看电视，还是自己一个人看书，我会不停地"脱轨"，试图变相思考每一个情节。会在某一个情节过后突然静止，然后去思考其他的可能性。如果剧中的演员下一句话这么说会有什么样的变化，如果下一个情节换一种方式转换会是什么样的节奏感，如果结局不是这样我会感受到什么，等等。然

后就进入自己的世界里，享受在妄想世界中遨游的快感。所以，每当重新提起一起观看过的作品剧情时，总会让对方有一种"我们看的是同一部作品吗"的感受。这通常会让我身边的人感到不解。虽然在一页一页地翻阅手中的书，但是会不停走神。让自己的想法和书里的内容平行，就像同时活在两个世界里一样。这并不是我没办法集中精力去读书，而是我过度集中精力导致进入一个走火入魔的境界。

知日　你在塑造人物上有自己独特的理念吗？或者说在创作每一部作品的过程中你对自己有什么要求？

古泽　做不一样的东西。我不会用一个固有的框架结构来塑造每一个人物。每一个人物都是活的。在塑造过程中他们就已经有了生命了。我不希望我塑造出来的人物是与谁相似的。他们都是独一无二的存在。我也不希望大家认为古泽写的东西就是这样，他就喜欢这样的情节、这样的固定风格。在写作过程中，我有自己的文风，但是在塑造人物时我希望他们活出自己。我不希望观众知道谁是编剧，我想要做一个无色无味、完全透明的自己。我虽然提供素材，但我只完成了一部分，更多的是需要演员如何去演，导演如何去导，画面感如何呈现，音乐如何配置，后期如何剪辑等，最终才能呈现出观众看到的作品。所以如果我把自己的固有风格让别人去演，那无非是让演员去演绎我，而不是角色。所以我不想让观众感受到我的存在，这是我对自己的要求，也是对演员和拍摄团队的尊重。

知日　实际拍摄过程中演员的演绎和作品呈现出来的效果，与你描写的人物性格和预想的效果是一致的吗？

古泽　从来没有一样的时候。观众怎么看我不知道，或许观众想要看到我预设的人物性格是什么。但是至少在我看来，所有作品都与我的构想有不一样的味道。不是好与坏的差别，而是作为一个作品，它会融合剧本的性格特点和演员的性格特点。好的剧本不代表一定会成为好的作品。但是我不会对导演和演员施加任何压力，因为我们的领域不同，他们都是各自领域的优秀人才，有自己独到的见解。我交出了剧本就等于任务结束，就等于交出了孩子的抚养权，之后我不会去干扰，留出他们自己的发挥空间。但是这两年，周围的人，像导演和演员们更想知

k.

l.

k. 古泽在工作室, 墙上用可爱的胶带贴着插画和明信片, 还有自己画的钟。
l. 书桌上的猫咪照片彰显着"猫控"属性。
m. 茶几上摆着一摞古泽正在读的漫画。
n. 工作室采光极好, 有床有电视, 可以想象古泽在这里一边听着音乐, 一边任想象驰骋的样子。

m.

n.

道我是怎么想的。所以我虽然不会强制性地去要求他们, 也不会直接与演员交流, 但是会偶尔去拍摄现场探班, 然后传达我自己的想法。以前的我从不这么做, 交了剧本就完全撒手, 因为我不是演员, 我只是一个编剧。我也会反省自己, 因为一个好的剧本可以让读者很容易理解内容的核心思想和精神, 但是如果拍摄过程中需要编剧去现场, 就意味着编剧并没有写出一个让他们可以充分理解的剧本。这是我做得不够好的地方, 也是我今后需要努力达到的目标。

知日　你在筛选演员的时候会表达自己的意见吗?
古泽　完全不会。有一种剧本是先决定演员后开始创作, 为了演员能够更好地演绎会为之量身定做一些情节。但是我不会这么做, 因为我认为作为一个演员, 他们也是想要挑战不一样的角色, 而不是演绎真实的自己。

知日　你塑造了很多像古美门这样的性格尖锐的人物, 你对生活对周遭也会有一些尖锐的想法吗?
古泽　那样会不会太难相处? 我会问为什么, 不会因为别人说是什么就轻易相信, 也不会轻易断言什么是原本的样子。我会愤怒那些以一己之见去轻易评论他们的行为的人。但是我不是反社会的人, 也不会搞革命。因为我有武器, 我可以通过剧本畅叙自己的感受, 观众可以在谈笑之余产生共鸣。这个工作的好处就是, 不管生活里存在什么样的烦恼, 有过什么样的经历, 所有的感情和情绪都可以被升华, 成为剧本创作的源泉。从经验提取出来的感受可以发挥到剧本里, 但是剧情的编写并不是现实的再现。人物也好, 剧情也好, 都是虚构的, 怎么可能会有像古美门研介这样的人, 更不会有这样的律

师。但是通过塑造这样的性格才能够让观众更加清晰地看到他的成长。是什么样的人并不重要, 重要的是会变成什么样的人。

知日　包括中国在内, 你的作品在海外有着很大的影响力。你想过这些作品会在日本以外的国家得到好评吗?
古泽　完全没有想过。我也很纳闷为什么会在国外流行, 当然开心的同时也有不安。因为文化不同, 对事物的认识和感受也会不同, 我担心会给国外的观众造成误导。实际上, 像《Legal High》这部剧, 正因为现实生活中不会存在这样的人才会给观众一种冲击力。电视剧不是纪录片, 不是写实而是幻想。在谎言中

感受真实感, 在现实中看到谎言, 这才是电视剧给观众带来的最真切的感受。

知日　那些家喻户晓的电影、电视剧, 它们的共同点在哪里?
古泽　国外的情况我不是非常清楚, 在日本, 很多人已经渐渐不那么喜欢电视节目。以前的电视剧大家看的是演员, 现在看的是内容。千篇一律的内容不会激起观众的内心情感浮动, 更不会获得收视率。"用心"应该是成功作品的共同点。●

野島伸司
大人はこの世界に居られない

野岛伸司
成年人无法寄居的脑洞

曹人怡 / edit
ada / text

从内容上看，

野岛伸司的作品完全是与主流背道而驰的，

师生恋、婚外恋、同性恋，

甚至乱伦、恋尸、校园欺凌等题材

常出现在他的剧本里，

不断地触及观众的底线，

也是对人性一次次地试探。

野岛的作品最能体现

观众与编剧之间敏锐的联系，

即观众的理解力与野岛作品所表达的内核

是否"对等"的关系，

观众能否通过那些惊世骇俗的话题，

发现"野岛伸司"想表达的含义。

野岛伸司
（1963 年 3 月 4 日~　），日本知名编剧，曾执笔
《101 次求婚》《同一屋檐下》《高校教师》《圣者的行进》等
多部脍炙人口的影视作品。
此外，还创作过绘本、小说、歌词、漫画等。
当初因为欣赏山田太一的作品，
产生了成为优秀职业编剧的想法。
其 20 世纪 90 年代的作品多表现残酷黑暗的社会问题，
是当时的社会写实派路线代表人物，
后来逐渐脱离阴暗主题，
创作了如《冰上恋人》《金牌女王》等多样题材的作品。

所谓野岛伸司作品，讲述的"灰色寓言"究竟想向观众传达什么？

所谓野岛伸司品牌，究竟向观众"售卖"的是一个什么样的核心？

所谓野岛伸司脑洞，究竟是一个怎样美妙的理想世界？

答案是"想象力"。

这里的"想象力"，并非一般定义为"大脑所能联想到"的"想象"，而是超越于此，代表了一种对于"无限可能性"的追求，追求价值观上的多元，伦理科学上的突破，思维上的发散，美学上的丰富，哲学意义上的存在的"无限可能"。

一个无"想象力"的观众或看不懂野岛，抑或不屑抛却"现实"去"想象"。缺乏"想象力"的人，或许根本无法认同精神世界的纯粹或极致是一种美丽。毕竟"极致"是极具破坏力的。

搭乘"永远的巴士"
去野岛的脑洞里追求纯爱

1993 年，野岛的《高校教师》开播，这部 22 年前的日剧，包括了师生恋、同性恋、乱伦、强暴等挑战着人们伦理价值的元素。可是，这部《高校教师》拍得异常唯美，一个与父亲乱伦的少女，一个懦弱的中年男教师，两个弱小的灵魂，迎来了命定的悲剧。羽村老师说："我们都是很单纯的人，分开了就觉得很寂寞。"

两人最终在火车上殉情，伴随森田童子的《我们的失败》，两人的爱与死终入无人之境。"我觉得自己现在似乎明白了真的自己究竟是怎么回事。不！不但是我，每个人都一样。连害怕、愤怒与悲伤的感觉都无了，何况是对名誉、地位，以及所有有形或无形的执着呢！我只想感受那种永久爱人与永久被爱的气息，其实不过是这样一个天真无邪的孩子罢了。"

野岛的台词，千住明的配乐，森田童子的歌声，整个剧流露出一种浓郁的复古而又哀伤的气息，有着极为强烈的感染力。野岛的爱情描写一直是执着于追求纯爱的。从 1993 年版《高校教师》到 2003 年版《高校教师》，中年教师和纯真少女的爱情，更像是一种救赎。

在爱情里，我们都试着揭下对方的"面具"，

而往往等到爱情结束，自己仍旧不舍得摘下面具。《高校教师》里的爱人们，却通过爱情，通过彼此，发现了自己原有的面貌，不再拘泥于世界的评价。即便是"失败的自己""弱小无能的自己"，在得到救赎的那个瞬间，热烈燃烧着其生命的最炙热光芒。

羽村老师说："人有三副面孔，一副是面对自己时的，一副是面对其他人时的，另一副是真正的自己。"茧问："怎样才能了解真正的自己？"羽村老师回答："大概要等到失去一切的时候吧。"

这便是他们爱的答案，一无所有的两个人，爱着发现真正自己的可爱的人，只是爱着。

1999 年，另一部以爱情为主线的《唇膏》揭开面纱。这部剧本身的哲学元素非常多，对白常常是大段大段的哲学探讨。18 岁的广末凉子在片中担当大任，献出了少女时期最为惊艳的表演。

本剧讲述了 5 个收容所"不良少女"的故事。广末凉子扮演的早川蓝对爱情有着近乎偏执的理解。在收容所里，蓝与教官（三上博史饰）的"面谈时间"，几乎变成"爱情哲学研讨会"，教官对蓝的了解逐渐加深，两人的爱情开始发酵，教官开始理解蓝及蓝口中的"永远的爱"，并给了这个对爱的理解很决绝的少女全身心的爱的回应。

从《高校教师》的纯爱，到《唇膏》中对于严苛爱情标准的阐述，可说是野岛伸司本人对于爱情面貌的更深的追求。野岛伸司不止一次表达过，他所追求的并不是"恋爱"，而是"永远的爱"。借由早川蓝，野岛伸司的爱情臆想更加纯粹，纯爱的标准更加极致了。

蓝说："恋爱是很多人坐着的快乐巴士，大家在上面唱着歌又牵着手，但最终还是要下车的。"

"那么永远的巴士呢？"

"是辆很空的巴士。"

"大家为何不坐它？"

"因为眼睛是看不见的。"

"要靠想象力？"

"嗯。"

同年，野岛伸司献出了另外一部爱的史诗。这便是由一系列故事组成，每一集有一个独立的故事情节的《世纪末之诗》。这一次，脑洞开得更

大了，野岛对于爱情的理解越发抽象，充满各种超现实幻想，在今天看来，仍旧超前。天桥上等待爱人的少女鬼魂，克隆家人的科学家……爱情的哲学命题仿佛无解，野岛伸司说着一个个令人心碎的故事，近乎勇猛地拷问观众"真爱是否存在"。

《世纪末之诗》的第七个章节，讲述了一个丈夫因深爱妻子，无法接受其去世的事实，而将死亡的妻子放在冷冻库中冰冻，长年累月看着冰冻的妻子，流着泪做着"爱情面包"的故事。爱的极致，看上去非常变态。这个故事中，野岛伸司探讨了一个关于真爱的命题——"爱之唯一"。

"如果一对情侣漂流到无人荒岛，当你知道对方生病，对方会先你而死时，你该怎么办？"

当世界只剩下两个人时，如果有一个人先死，恋人无法抛弃自己的生命还想活下去，也许是对自己的生命还有眷恋；若是选择自杀，便存在因独自一个人而忍受不了孤独的"自私"。野岛认为这都不是爱的表现："所谓爱就是不接受对方已死的事实，因为对方是这世上独一无二的伴侣，因为一旦接受对方已死的事实，心灵将会随之腐朽。"

野岛伸司心目中的答案是："永不接受对方已死的事实，即便外人看来是多么可笑。"世纪末的野岛伸司，唯美和决绝到了极致。脑洞里这般渴求爱的状态，实在太过火热，令人联想到疯狂。

看，爱是如此复杂的命题，虚空又实际，寄予想象中，又在现实中出现。

敏感，再敏感些吧，想象，再想象丰富些吧，就能坐上野岛伸司的爱之"永远的巴士"，去到野岛的脑洞里，遇见真爱。

超现实的先锋剧，
野岛脑洞里的臆想天地

野岛伸司本人是一个完全脱离正统教育的人，曾经就读中央大学法学系，大学读到一半退学，到美国去留学。回来以后，过着四处打工的日子，他打工的地方包括饮食店、工地、罐头工厂等。他一边打工一边上编剧课，后来作品得到日本富士

电视台举办的"青年编剧大赏"冠军，从此踏上编剧之路。不知道这些经历，是否和他日后作品中天马行空的"超现实元素"有关。

1991年，在野岛伸司的纯爱剧《101次求婚》风靡一时的时候，野岛开始写实，一连写出现实主义题材的"校园三部曲"等作品。1999年前后，他的社会写实剧已经被奉为经典的时候，野岛开始不局限于具体的爱恨对象，走进"超现实"的先锋领域。

《世纪末之诗》中，野岛用一个章节，探讨"克隆人"的爱。科学家的家人纷纷离他而去，疯狂的科学狂人按照家人的模样，克隆了一模一样的妻子、儿女，他们聚居在一起，欢笑、哭泣、拥抱、亲吻，像最平凡和亲密的家庭那样。科学狂人说："与其选择一个无法接受自己的人，不如克隆一个长得一模一样能长伴左右，又能了解自己的人。"

在克隆人这个惊世骇俗的话题下，野岛探讨的命题是：除却生理上本能的厌恶，真爱究竟能否突破"最爱的终究是自己"的魔咒？

在《圣者的行进》的发表会上，野岛曾经提到过他正在构思《美人》，讲述外科整形医生岬京助自从妻子死后，便过上了清心寡欲的平淡生活，在遇到前来要求换脸以逃避暴力丈夫的女人村雨美雪后，将其容颜更改，整容成一张同他去世的妻子一模一样的脸。当眼前的美雪长着一张和妻子一模一样的面孔时，岬京助的内心产生了巨大的动摇。

1999年，整容还没有彻底影响人的审美，而野岛的关注点却已经在"容貌是否影响爱情"上，可见野岛不仅在表现元素上先锋，在看待现代科技对未来世界的影响等问题上，也有着批判式的先见。

2012年，先锋元素更加激进的《逝爱》问世了，该剧史无前例地加入了"僵尸"这一令人咋舌的元素，讲述了爱人去世的女主角，用一种非常科幻的方式，保存着爱人的身体，守护着两人秘密的爱情。

如此多的超现实元素的意象，在其他编剧作品中，几乎是绝无仅有的。20年多年来，身为编剧大神，野岛伸司始终进步着。

无法衡量的"未成年"时光，野岛脑洞里一片青春的处女地

野岛伸司的许多作品都描写了中学时代的故事，经历"成人"之苦，"社会"的洗礼，矛盾和挣扎，每个人都无处可逃，可是由于每个人的"想象力"不同，对社会的适应度不同，成长所带来的阵痛的份额也不一样。

野岛笔下的很多未成年角色，经历着漫长的青春期，抗拒着"长大"，以"未成年人"的哀鸣来控诉成人世界的扭曲。又者，野岛笔下的成年人，多以忏悔来对"未成年人"自白，以爱情来被"未成年人"救赎。"未成年"与"成年"的矛盾，在野岛笔下尤为突出。

和《唇膏》5个少女的友情相对应的，是1995年野岛伸司的《未成年》，描写了5个少年共同面对成长的故事，堪称最好的青春片也不为过。

博人从小就被父亲拿他和优秀的哥哥相比，一见钟情的萌香竟是哥哥的女友，常常觉得自己前路迷茫的他，希望考上自己感兴趣的考古系，并在保送生的面试中得到教授的赏识。可是他的希望很快就被葬送了：学校因为发现他和曾经是不良少年的坂诘五郎有私交而取消了他的名额。立志考取东大的神谷，在母亲的专制和透不过气的爱下生活得压抑而紧张，在爱上一个跳芭蕾的女孩儿后，愿意与她一同生活，并照顾她已经怀了3个月的孩子，可是母亲得知此事后却下手意图使女孩流产。小混混坂诘五郎，义字当先，为兄弟两肋插刀却被帮派老大出卖。博人的朋友顺平，无能、平凡到自认"我们这样的大脑，是不会成功的吧"。日剧史上"最纯净的人"轻度弱智的冈仁，对待周遭和同伴犹如天使，却因为智力常常被人戏弄，最后由于父母的工厂被无良人士吞并，智力不够的他只知道父母需要钱，而"银行有好多好多钱"，终走向他所无法理解的"犯罪"。

4个少年，为了保护冈仁，一边互相舔舐创伤，一边开始了逃亡之旅。他们逃到山林中，在他们心目中的"龙宫"里，开始构建自己的乌托邦。哥哥的女友萌香也随之而来，因为心脏的问题，萌香被博人的哥哥拒绝，一腔热血，全力付出自我的纯爱，在现实的利己主义者面前，得不到任何珍惜和回应。

在这部剧里面，野岛着力探讨着"成年"世界和"未成年"世界的不可调和的差异：未成年人的心，因为单纯清澈而不计后果；成年人的心，因为布满尘埃而故步自封、狭隘冷酷。

石田壹成扮演的博人诉说着野岛伸司最为美丽的愿望："身而为人，应该是像花一样，自顾自地，绚丽地开着，只是那么努力地开着，等到了某一天生命结束就枯萎。"

无论成年与否，每个人开出自己生命的花朵，便是乌托邦。

野岛伸司，这个倔强的中年人，固守一颗"未成年"的心，痴迷于梦幻，痴迷于理想，近乎诗人的浪漫。他的每一部戏，都是出自自己的创意，勇敢地近乎无畏地诉说着自己的心中所爱。虽然他的作品始终是批评跟推崇的各成一派，批评的人说"太黑暗"，然而，现实怎么能是"黑暗"？现实的唯一标准是"真实"。

无法定论诗人野岛伸司对于世界的要求是否过于刻薄。然而，若指责视而不见的"真实"为"黑暗"，我们终将无法看见最为纯粹而热烈的阳光。

近几年，野岛伸司的剧本产量又开始多了起来。从他近期的几部作品中，观众可以明显感受到：其一，野岛对市场和年轻观众的用心揣摩；其二，52岁的野岛伸司更加肆无忌惮地展现自己脑洞里的奇妙世界了，他以越来越多超现实的先锋元素为题材进行着创作尝试，无限延伸着想象的空间。

野岛伸司曾在接受日刊访问时表示：若是以前，他会在意收视的数字，但是现在，他只为了解他的观众而写。

也许只因为他和他的观众，都是一群充满"想象力"的"未成年"人吧。

他的脑洞世界，"成年"人无法找到入口。

天才妄想轨迹

1988 ～ 2015

野岛伸司企划、编剧电视剧、电影一览

单元剧／SP　　富士电视台

FROZEN NIGHT ～ 冷冻的盛夏之夜～《只属于我的你》

FROZEN NIGHT フローズンナイト ～凍てつく真夏の夜～「私だけの あなた」

电影

你会爱上我

君は僕をスキになる

1990

电视剧　　富士电视台

爱的回旋曲

すてきな片想い

单元剧／SP　　富士电视台

世界奇妙物语《爱你爱到死》

世にも奇妙な物語 「死ぬほど好き」

电影

我喜欢！

スキ

1988

电视剧　　富士电视台

爱情打猎族

君が嘘をついた

单元剧／SP　　富士电视台

有时像是没有母亲的孩子一样

時には母のない子のように

1989

电视剧　　富士电视台

大家相爱吗?

愛しあってるかい!

电视剧　　富士电视台

101 次求婚

101 回目のプロポーズ

1992

电视剧　　富士电视台

在爱的名义下

愛という名のもとに

1993

电视剧电影　　TBS 电视台

高校教师

高校教师

电视剧　　富士电视台

同一屋檐下

ひとつ屋根の下

1994

电视剧　　富士电视台

爱没有明天

この世の果て

电视剧　　TBS 电视台

人间失格・假如我死了的话

人間・失格～たとえぼくが死んだら

电影

爱情全垒打

ヒーローインタビュー

电影

无家可归的小孩

家なき子

1995

电视剧　　TBS 电视台

未成年

未成年

1997

电视剧　　富士电视台

同一屋檐下 2

ひとつ屋根の下 2

1998

电视剧　　　　　TBS 电视台

圣者的行进
聖者の行進

电视剧　　　　　日本电视台

世纪末之诗
世紀末の詩

电视剧　　　　　富士电视台

唇膏
リップスティック

电视剧　　　　　TBS 电视台

美人
美しい人

2000

电视剧　　　　　日本电视台

冠军大胃王
与山崎淳也共任编剧

2001

电视剧　　　　　TBS 电视台

蛋糕上的草莓
ストロベリー・オンザ・ショー
トケーキ

电视剧　　　　　日本电视台

新星之金币
新・星の金貨

2002

电视剧　　　　　日本电视台

黄金保龄球
ゴールデンボウル

2003

电视剧　　　　　TBS 电视台

新高校教师

2004

电视剧　　　　　富士电视台

冰上恋人
プライド

电视剧　　　　　日本电视台

小狗华尔兹
仔犬のワルツ
最后一集编剧

2005

电视剧　　　　　TBS 电视台

牵绊的爱
あいくるしい

2008

电视剧　　　　　富士电视台

没有玫瑰的花店
薔薇のない花屋

2009

电视剧　　　　　TBS 电视台

爱情洗牌
Love Shuffle

2010

电视剧　　　　　富士电视台

金牌女王
GOLD

2012

电视剧　　　　　日本电视台

理想的儿子
理想の息子

手机剧　　　　　NOTTV 制作

逝爱
シニカレ

2013

电视剧　　　　　日本电视台

49

2014

电视剧　　NHK BS Premium 频道

柏拉图式
プラトニック

2016

电视剧　　　　　富士电视台

OUR HOUSE

アリスからの誘い
有栖川有栖の非日常冒険

来自爱丽丝的邀请
跌入有栖川有栖的非日常冒险

张家欣 / text

刘凯琳 / interview

有栖川有栖 /photo courtesy

a.
《月光游戏 Y 的悲
剧'88》

日本电视台 2016 年春季剧集
《临床犯罪学者·火村英生的推理》
(臨床犯罪学者·火村英生の推理)，
天才睿智的犯罪学者火村英生、
善良机智的推理小说家有栖川有栖，
两位老同学组成的最佳拍档穿梭在
一个又一个犯罪现场，
可爱的互动与弥漫着紧张感的事件，
完美调和成一道美味的本格推理料理，
也让更多人认识了推理小说家
有栖川有栖的名字。

有栖川有栖，这个颇有音律感的笔名取自京都的
"有栖川" 与童话故事《爱丽丝梦游仙境》，因此
有栖川有栖也被读者们亲切地称作 "爱丽丝老
师"，其代表作之一，即上文提到的火村英生系列，
包括《第 46 号密室》(46 番目の密室)、《朱色的研
究》(朱色の研究)、《绝叫城杀人事件》(绝叫城杀
人事件) 等。火村英生系列享有 "从未影视剧化
的最后一部真正的推理小说" 的盛名，本系列跟
随推理小说研究会部员们的经历展开故事，时而
因自然灾害被困遭遇杀人事件，即推理中常见的
"closed circle"(封闭空间) 状况；时而解开日常中

的有趣谜题。在描写年轻人对将来的不安、恋爱
等方面，江神二郎系列也得到了很高的评价。

有栖川有栖的写作风格诡异优美，充满了典
型的本格谜题元素，如密室、不在现场证明、暗号
等，非常适合初次接触本格推理的读者。他深受
美国推理小说家埃勒里·奎因影响，作品多以组
合角色出现，时常插入 "给读者的挑战书" 等剧
情设计，被誉为 "日本的埃勒里·奎因"。

在 11 岁的有栖川少年有了推理小说家的梦
想后，他花了 18 年才走出出道这一步。在漫长的
时间里，他坚持了下来：中学三年级完成长篇小
说《盛大的杀人》(大いなる殺人)，落选第 21 届
江户川乱步赏；大学加入推理小说研究会，与当
时部员的夫妻档推理小说家白峰良介和黑崎绿，
还有幻想文学作家加地尚武共同磨炼写作技巧；
大学毕业后，选择了与书密切相关的职业，就职
于大型连锁书店；1984 年《月光游戏 Y 的悲剧'88》
的原型作品再次落选江户川乱步赏；1989 年，《月
光游戏》作为《鲇川哲也与十三个谜》(鲇川哲也
と十三の謎) 的其中一册由东京创元社发行，正
式小说化出道；1994 年 35 岁时辞职，成为专职作
家。有栖川从一个上班族辞职成为一个专职作家，
改变的是经历，不变的是对推理与写作的痴迷。

读有栖川的小说，会沉浸在书中诡异紧张的
气氛，合上书本又会得到内心的一丝安宁。能让
人忘记无聊的现实，投身于邪恶与正义的较量之
中，并且有着对于名侦探的信任与安心，这就是
我们对侦探小说欲罢不能的细微理由吧。来吧，
让我们一起跌入非日常的冒险中去。

interview ·············· 有栖川有栖

"不只是推理小说，任何小说最重要的都是'效果'。"

有栖川有栖

日本推理作家，与绫辻行人、法月纶太郎并称关西三大推理小说家。1959 年生于日本大阪，同志社大学法学部毕业。原名上原正英，有栖川有栖是他的笔名。自出道作《月光游戏》以来，其作品承袭埃勒里·奎因的解谜风格，被誉为"日本的埃勒里·奎因"。代表作有《双头恶魔》(双頭の悪魔)、《第 46 号密室》、《马来铁道之谜》(マレー鉄道の謎)等。

知日　听说你从小学 5 年级就开始写推理小说了，为什么会想要成为一名推理作家？

有栖川　我从小就喜欢写文章，尝到了阅读推理小说的快乐之后，自己也想写写这样的故事。一开始只是抱着试一试的心态，当我发现"推理小说这种东西，写的人也会感到非常快乐"时，才开始朝着作家努力。

知日　自出道以来，你一直遵循正统派的本格路线，对你来说，"本格"或者说"新本格"的意义在哪里？

有栖川　本格推理小说是根据最初提示的手法为基础进行推理，在谜之所以不成谜的瞬间达到高潮的小说。新本格推理，可以认为是对绫辻行人《十角馆杀人事件》(十角

館の殺人，1987 年)以后出现的本格推理小说的称呼。"侦探解谜并揪出犯人"是传统的本格推理，而"作者利用写作技巧迷惑读者"则是新本格的特征。

知日　比起诡计，你更加注重推理的逻辑，这种风格是怎样确定的？

有栖川　我非常喜欢埃勒里·奎因和鲇川哲也，受到了他们很大的影响。两位是伟大的推理作家，逻辑性极高的解谜总是能感动我。

知日　在江神二郎系列中随着人物成长逐渐升级的缜密推理、不断向读者发出的挑战书等一系列有趣的设定，以及情节的构思是从哪里萌生的？

有栖川　《月光游戏 Y 的悲剧 '88》中，"Y"这

个死亡信息是一切的开始。《孤岛之谜》中，在设想着"如果这种形状的小岛发生事件的话……"，构思就浮现了。《马来铁道之谜》则是从题目开始构思的。故事是从哪里诞生，会根据作品不同而有所区别。

知日　根据火村英生系列改编的日剧《临床犯罪学者·火村英生的推理》引发了不小的话题，作为原作者评价如何？

有栖川　火村英生和有栖的角色设定都和原作有些不同，但这也是乐趣之一。舞台是我希望的关西(虽然只是京都)，我感到很满足。

知日　无论是学生有栖还是小说家有栖都是作为华生类角色登场的，这样安排的理由是什么？这两个角色与你自身有关联吗？

有栖川　华生是非常方便的角色。通过华生的视角来讲述故事，读者更易理解"谜团是什么""解谜到了什么程度"，而且还能描写华生看见、询问线索却不理解其重要性的场景。通过华生的视角描写故事，读者会不清楚侦探究竟在想些什么，增加了侦探的神秘性和魅力。在开始写小说家有栖系列之前，就想好了"这次也要推出华生类角色"。既然要出，不如就用学生有栖系列的角色名吧。

作者名字与作品中记述人的名字一样，是不少推理作家都钟情的"小游戏"。两种身份的有栖都跟身为作者的我是不同的人（虽然也有很多相像的地方），比如我既不喝酒，也不开车，24 岁就结了婚，这些地方就和书中的两人完全不同。

知日　在构思故事时，整体逻辑与犯人、方法、动机的设定，会优先考虑哪一个？
有栖川　首先考虑手法，比如"这种手法在什么场合会最有趣"[《瑞典馆之谜》(スウェーデン館の謎)]，或者"如果由这样的线索要展开这样的推理，在什么情况下最合适"[《女王国之城》(女王国の城)]，这样的思考模式比较多，但也不是绝对的。
　　最新作《上锁的男人》(鍵の掛かった男)，探寻一个孤独地住了五年酒店的男人的死亡真相。"那个男人为什么一直住在酒店？""为什么被杀害了？"……通过这样的设问逐渐完成整体的故事。

知日　为什么会如此钟情于密室、孤岛，或者因自然灾害而封闭的空间呢？制造一个

"密室"的要点有哪些？
有栖川　因为我喜欢不靠警察科学性、组织性的搜查，只能依靠名侦探推理得出真相的空间，所以常设计"closed circle"的事件。通过把警察从作品中排除出去，使读者站在与侦探平等的立场，同时更加突出侦探解开谜团、拯救同伴的英雄形象。
　　关于密室，前人已创造了无数模板，考虑全新的手法非常困难。至今为止我的密室手法都是在已有基础上的变化型。即使有相似的手法存在，只要在"为什么犯人制造了密室""为什么变成了密室""解开密室之谜能明白什么"等地方下功夫，用无法想象的舞台和演出，同样能够让本格推理小说变得更加有趣。

知日　如何看待推理小说想象力与表现力之间的关系？
有栖川　好的点子浮现，将其整理成好的故事，再选择与之适合的文体是很重要的。令人毛骨悚然的故事、轻松愉快的故事、非常不可思议使人眩晕的故事……有效的表现

方法会因内容的不同而有所区别，若选错文体就会使作品前功尽弃。不只是推理小说，任何小说最重要的都是"效果"。

知日　你曾在《女王城之国》的后记中说到学生有栖系列预定长篇五部完结，现在只剩最后一部了，能否透露一下最后的故事会有怎样的展开呢？
有栖川　让学生有栖系列五部长篇就完结，是因为这是"学生们的故事"。每个人的学生时代都是有限的，也正因如此，对谁来说都是特别且重要的吧。本系列第五部作品，连题目都还没确定，今后会进行思考。现在，火村英生作为侦探活跃的系列长篇新作《猎人的噩梦》(狩人の悪夢)正在电子杂志连载中。擅长描写噩梦的恐怖小说家将会登场，这点是可以传达给大家的。希望有朝一日中国的各位也能读到我的新作品。

有栖川有栖のセレクト！
日本のミステリー小説密室大図鑑

有栖川有栖严选！
日系推理小说密室大图鉴

有栖川有栖 / text

矶田和一 / illustrate

刘凯琳 / edit

1841 年，自爱伦·坡创作的第一起密室案件《莫格街谋杀案》问世以来，密室就一直是推理小说中最受欢迎的桥段，是作家逻辑与脑洞的最好展现。身为密室迷的有栖川有栖，除了自身作品外，更为我们推荐了几个细思极恐的密室诡计，搭配上已故插画师矶田和一的密室图解，还原出一个个出人意料的过程与真相。

第1道

城市化背景下的和风密室

D 坂の殺人事件

D 坂杀人事件

江户川乱步
1925 年

● 当時、D坂(団子坂)に
あったと思われる古本屋

↳ こっちに カフェー「白梅軒」があり、
明智小五郎たちが、ここから
古本屋を眺めていた。

→ 坂上へ

→ 崎坂へ

b.

"那是发生在九月上旬某个闷热夜晚的事情。那时候，我正坐在位于 D 坂中段左右、经常光顾的白梅轩咖啡厅啜饮着冰咖啡。"隔着主街，在白梅轩的正对面有一间旧书店，原本每晚都独自看店的性感老板娘今晚迟迟不现身，就在我与明智小五郎进入书店一探究竟时，却意外发现了遭人勒死的老板娘的尸体。到底是何人行的凶，又是如何脱身的呢？30 分钟前我正好目击了店内障子的关合，而在 30 分钟之内，犯人既没有从正面逃出，也没有后门与屋顶的目击情报……由此，明智小五郎饶有兴趣地表示："从犯人消失得无影无踪这一点来看，有没有点儿爱伦·坡《莫格街谋杀案》和勒鲁《黄色房间的秘密》的密室犯罪感觉呢？"

没有上锁的书店，不堪一击的传统日式住宅，没有谁会把大正时代的日本长屋与密室联想到一起。但是读完全文你就会发现，《D 坂杀人事件》其实是建立在登场人物稀薄的人际关系上才得以成立的案件，因此，我们也可以称它为"城市化背景下的和风密室"，这和我们今天随手可见的水泥墙密室，又有多大的区别呢？

b. 夹着 D 坂（团子坂）主干道，乱步与小五郎在白梅轩咖啡厅中，观察着对面旧书店的举动。

c. 命案现场，乱步在

白梅轩目击了本该敞开的障子被犯人关上的瞬间。

d. 旧书店格局示意图（1 楼）。

● 古書店の内部

ここの障子は、あけっぱなしだった。

c.

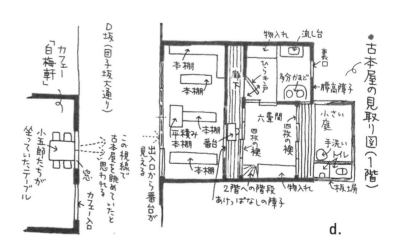

D坂(団子坂大通り)

カフェー「白梅軒」

小五郎たちが坐っていたテーブル

この視線で古本屋を眺めていたと思われる

窓

カフェー入口

出入口から番台が見える

物入れ 流し台

本棚 裏口

廊下 ひらき戸

竈 多分がほど

六畳間 四畳の襖

平積み本棚 四畳の襖 小さい庭

番台 腰高障子

本棚 手洗いトイル

本棚 坂塀

2階への階段 物入れ

あけっぱなしの障子

● 古本屋の見取り図(1階)

d.

第2道

献给名侦探们的海上密室

名探偵が多すぎる

太多个名侦探

西村京太郎
1972 年

旅情推理作家西村京太郎的名侦探系列第二作,密室案件的舞台来到了海上。在明智小五郎的盛情邀请下,各国的名侦探如小说家奎因、大侦探波洛、神探梅格雷夫妇等人来到日本,坐上了开往别府的豪华游轮,而侦探们优雅的假日却被鲁邦的挑战书打破。

果不其然,随后人们在特等室中发现了宝石商的尸体,箱子中的宝石也不翼而飞,更为挑衅的是墙上的那行留言:"各位名侦探们,你们能解开这个谜团吗?"这难道真的是来自鲁邦的杀人劫财吗?同样让人疑惑的还有密室的构造,紧锁的门锁上没有任何被撬开的痕迹,室内和窗外都是无法逃出的状态,此刻,侦探们的大脑已经开始飞速运转,真相只有一个,谜团的答案究竟是什么?

e.

e. 空空如也的宝石箱与犯人的挑战书"各位名侦探们,你们能解开这个谜团吗?"。

f. 宝石商被杀害的现场正好位于游轮左舷的特等室中。

f.

第 3 道

密室中的旋转尸体与死亡讯息

> ### すべてが F になる
> 全部成为 F
>
> 森博嗣
> 1996 年

推理作家森博嗣的处女作,也是犀川＆萌绘系列的第一作。拥有多重性格的天才少女真贺田四季,14 岁时杀死了自己的双亲,此后就一直被禁闭在孤岛的研究所内。15 年后,犀川和萌绘慕名来到这里,通过重重监控进入其中,却看到了一个旋转中的白色物体。白色的物体缓缓朝这边"走来",她正是穿着婚纱,被驮在机器人上的四季的尸体。

虽然推理小说中的被害者都死状惨烈,但是如此戏剧性的尸体登场也算得上罕见。更加令人不解的是,四季的尸体已被截掉了四肢,从房间中的监控录像中也没有发现任何人的进出,只有一台电脑上留下了"全部成为 F"的讯息。

暗示结局的关键词从故事的一开始就已经呈现,不,应该是从拿起这本书时就已经得到。这一点,我也是合上书之时才顿悟到的。

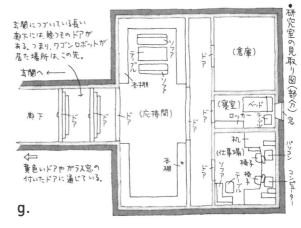

玄関につづいている長い廊下には、幾つものドアがある。つまり、ワゴンロボットが居た場所は、この先。

玄関へ ←

● 研究室の見取り図(部分)怠

(倉庫)

(応接間)

(寝室)

(仕事場)

廊下

本棚

黄色いドアやガラス窓の付いたドアに通じている。

g.

g. 研究室格局示意图(部分),陈尸现场位于重重大门之后。
h. 电脑屏幕上留下的文字:"全部成为 F"。

i. 身着婚纱,被驮在机器人上的尸体。

モニター(画面)には、「すべてがFになる」と書き込んである

すべてが F になる

h.

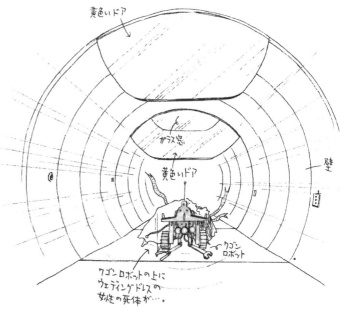

黄色いドア

ガラス窓

黄色いドア

壁

ワゴンロボット

ワゴンロボットの上にウェディングドレスの女性の死体が…。

i.

第4道

恐怖,才是密室的最高境界

人狼城の恐怖
恐怖的人狼城

二阶堂黎人
1998 年

j.

こちらに
洋服かけがある

不愧是超过四千页稿纸的"世界最长本格推理",全书分为"德国篇""法国篇""侦探篇""完结篇"四篇,当中的诡计与密室陷阱更是不计其数,下面介绍的这个密室则是"法国篇"中夏利斯夫人惨死的场景。

不知道是何人打晕了夫人,她被抬进了卧室,医生们做了简单的处理就退下了。刚出房门,走廊上的医生们忽然听到房内传来一声悲鸣,闯进一看,夫人已经被弄断了头颅当场死亡,头颅就横躺在离身体不远的血泊之中。犯人没有躲在床下、柜子

中,暖炉中正烧着柴火,窗子也被封住。除了正门,没有任何人能够进出这间屋子。

在一瞬间将人头拿下并从密室中完美脱身,还有比这更扯的事吗? 但是在我读了"完结篇"之后,不得不俯首称臣。而且,破解诡计的关键,早已被作者用显眼的方式透露出来了。比起这个,如此可怕的密室杀人真是让人叹为观止。我想,除了密室的设计技巧之外,战栗的场景描写,让人打从心底感到恐惧的细节,或许就是密室 100 多年来都不失魅力的原因吧。●

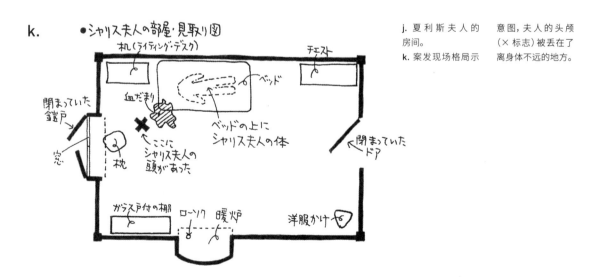

k.

●シャリス夫人の部屋·見取り図

机（ライティング·デスク）

チェスト

閉まっていた鎧戸

窓

血だまり

枕

ここにシャリス夫人の頭があった

ベッド

ベッドの上にシャリス夫人の体

閉まっていたドア

ガラス戸付の棚

ローソク

暖炉

洋服かけ

j. 夏利斯夫人的房间。
k. 案发现场格局示意图,夫人的头颅(× 标志)被丢在了离身体不远的地方。

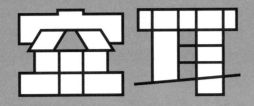

空耳

空耳是一个日文汉字词汇，原本是指幻听或者听错，后来词义逐渐发生了变化。现在所说的空耳，主要指故意将词句意义曲解，以达到恶搞或娱乐目的的文字游戏。通常，再诠释后的文字与原文并没有意义上的关联，但会在读音上相似。另外，通过空耳翻译出的句子，不是单纯地把读音相近的词语逐个排列，而是句子本身就可以形成基本的句意。空耳完全是脑洞大开的游戏。通过语言本身具有的读音规则，加上神一般的联想力，诞生了无数神作。如《人鱼又上钩》（波打際のむろみさん）片头曲《七大洋不如你的海》（七つの海よりキミの海），其中副歌部分的歌词"人间はみんなタイヘンだ"（ningen wa minna tai-hen da，人类都活得太不易），听起来特别像"人类都是大变态（hentai）"。又如《东京食尸鬼》（東京喰種）片尾曲《圣者们》（聖者たち），"聖者たち"（seijatachi）就被很多中国网友空耳为"谁家的鸡"。随着弹幕文化的崛起，空耳愈加受追捧。在日本的 niconico、中国的 bilibili 等网站上，各类作品都难逃空耳大法。无论是歌词、台词、人名，还是日语、中文、泰语、德语、意大利语，在厚厚的弹幕中，网民们创造和呈现了一场场幽默脑洞的盛宴。

完全潜行

完全潜行是一种虚拟的游戏技术，该说法来自日本轻小说家川原砾的《刀剑神域》（ソードアート・オンライン）等作品，即利用某种机器产生多重磁场，和人类的脑部神经直接联系，通过对大脑传输感官信息来创造虚拟空间，同时大脑也能发出信号来控制虚拟空间中的角色行动。现实中的身体不会因此有任何动作，而进入到游戏中的人的意识也不会被外界干扰。该技术在其他作品中也有过类似的出现，例如《名侦探柯南：贝克街的亡灵》里，通过计算机连接大脑，使主角们进入历史的不同时期，进行虚拟体验的游戏。事实上，人们关于完全潜行的设想由来已久，能够通过机器连接大脑，使玩家进入高度仿真的模拟环境，不用做动作，通过思维操控行动，这是许多人期盼实现的。近年来，类似完全潜行的游戏设备开发研究很多，科技的进步也许会使完全潜行在未来成为现实。

字研

{ 空耳 }{ 完全潜行 }

cchiin | text

湊かなえが書いた衆生の世界

凑佳苗笔下的众生相

沐卉 / text

a.

我们之所以会记住"凑佳苗"这个名字，
大多是因为小说《告白》。
这部后来被中岛哲也拍成电影，
囊括了 2011 年日本学院奖最佳影片，
同年香港金像奖
亚洲最佳影片的原著小说，
从 2008 年出版以来，
就以黑马的姿态打败了
东野圭吾和伊坂幸太郎，
成为当年周刊文春
Mystery Best 10 的第一名。
次年又获得了本屋大赏的第一名、
宝岛社"这本推理了不起"大赏的
第四名等多项荣誉。

a. 凑佳苗
b.《少女》
2009 年，早川书房
c.《赎罪》
2009 年，东京创元社
d.《告白》
2010 年，双叶文库
e. 电影《告白》
2010 年
f. 电视剧《赎罪》
2012 年

b.

c.

d.

e.

f.

《告白》可以说是凑佳苗的处女作。虽说她最开始的崭露头角是获得 2007 年"小说推理新人奖"的短篇推理小说《圣职者》(聖職者),但事实上《圣职者》就是《告白》的第一章内容。一个中学老师在最后的结业式上,无视班上学生喝牛奶间隙的打闹放肆,平静地叙述着自己的过去:爱人得了艾滋病自己依然生下了孩子,自己对孩子的爱,发现孩子溺死在了学校的泳池里,无意间的调查知道了杀死女儿的凶手——班上的学生 A 和学生 B,之后又自顾自说着 A 和 B 的身世以及杀人过程,少年法对凶手的庇护,决定用自己的方式进行复仇,比如将自己爱人的血加进了凶手刚刚喝的牛奶里,最后,祝大家春假愉快。这就是《圣职者》的全部内容。在书中只有教室一个场景,只有老师一个人淡漠的碎碎念式告白,但妙就妙在这里,凑佳苗仅用这场告白就实现了数个剧情的反转,架构了一个精炼而寓意深刻的推理短篇集。

　　更妙的是,凑佳苗在之后将它作为开篇,续写出一个更为残酷的《告白》。她保留了原文,并同样以告白的方式分属包括凶手在内的四个人,用他们各自所展现出来的内心世界串联起事件发生的始末,最后又再次用老师的告白将整个复仇推入高潮,所有的伏笔都在老师的独白下得以显现,所有的真相都在老师的控诉下变得直白而讽刺。凑佳苗将故事置于伦理和法律正义的背景下,在故事中,好像所有人都是坏人,又好像所有人都不该被称为坏人,而由此所引发的探讨也从未停歇。

　　以《圣职者》出道的凑佳苗凭借《告白》一举成名,成为日本推理小说界的后起之秀。而她也自《告白》以来就一直高产不断,仅仅数年,在她笔下所诞生的作品就有 18 部之多,这还只是单行本的数量,而其中,近三分之二都被翻拍成了电影、电视剧。在日本为数不多的女性推理小说家里,诸如仁木悦子、夏树静子抑或是山村美纱这样的佼佼者,每个人都能将女性特有的细腻在推理中展现得淋漓尽致。这并不稀奇,但若细化,每个人所发挥的角度却都有所不同。而凑佳苗就将这份细腻成熟地用在了对故事中所有人的心理探究上,她并不苛求于对推理细节的布局谋篇,更多的时候是将推理作为舞台,把重点放在了人物的塑造，以及隐藏在舞台背后的灰色地带。所以在她的作品里，没有在案情推理上让人大呼过瘾的环环紧扣，却有着让人拍案叫绝的人性探讨。

凑佳苗"告白体"的写作方式也一直是她作品的特色。即故事的铺陈不以时间线展开，而是通过事件相关人的独白来串联整个故事的始末，其中的每个人都有自己丰富的情感独白和内心变化，这是每个人最隐秘的世界。每一个叙述都是第一人称，没有特定的主角设定。

这样的写作特色有一个最大的好处，就是能最为极致地展现作者笔下人物最真实的样子，并将评说和判定全权交予读者自己。每一个作家在描写自己笔下的人物时，对主配角的设定都会让作家在作品整体的构造上或多或少有些偏袒，但在凑佳苗的作品里，不管笔下的人物多么悲惨或偏执，你都能感受到作者笔调的冷静和客观。正如凑佳苗自己所说的那样，作为独白者本人，不管是谁都是深爱着自己，都会在陈述时竭尽所能地表达自己，偶尔还会对此深感陶醉。这样的手法可以很快将读者带入独白者的世界，也更能因此产生共鸣。然而要做到这一点并不容易，这需要作者在下笔的那一刻，就对任何一个人物都保持平等的心态，在刻画其中一个人物时，绝对不能对其他人物产生同情，一旦带入"个人"想法，那么在对其他人物进行描写时也就会不自觉地带入之前的想法，整个故事的基调就会因此而有所转变，也就无法达到最初的预期效果。

凑佳苗的很多作品都是以"告白体"的形式展开的。除了《告白》，《赎罪》(贖罪)也是这样的代表之一。这部小说问世于《告白》之后的一年，一样延续了"告白体"的写作手法。作品本身在案件的推理上并没有值得深究的曲折离奇，所以很多人都将这部作品归类于"伪推理"的范畴。这部作品的亮点在于对人物的刻画上。这场"赎罪"来源于一个痛失爱女的母亲对另外四个唯一见过罪犯的女孩儿的控诉，因为她们都记不起罪犯的长相致使案件陷入僵局，她要她们在诉讼时效内找出凶手，否则，就必须赎罪，直到她满意为止。

故事开篇就是以第一个"赎罪"女孩儿纱英写给惠美理妈妈的信开始，之后的每一章都是一个女孩儿因这场案件被迫蒙上阴影而造成了残

g.
h.
i.
j.
k.

l.

m.

n.

o.

p.

酷的影响。在独白里的她们，或是控诉，或是不满，或是以自认的方式赎罪，阴影的结果就是让最后的她们都背负了命案。凑佳苗将每一个女孩儿的独白都设定了纤细的情感脉络，从性格和家庭开始，一切都娓娓道来。在其中，你能清晰地感受到每一个女孩都竭尽全力地表达自己如何一步步走向黑暗，却触不到作者在此基础上叠加的一丝煽情。而最后一章的独白则来自惠美理母亲本人，当初因懊恼而定下的"赎罪"，让她在女孩儿们的不幸下被扣上了种种枷锁。她控诉当初女孩儿们对女儿的死没有丝毫哀悼和怜惜，却没有想要让她们用自己的未来给女儿埋单。两个角度下的独白让这场"赎罪"变得更加深刻——事实上她们都在给对方扣上赎罪的帽子，却也在赎罪中进行着自我的救赎。就像终章里真纪和由纪为惠美理献上花时说的那样，"怀念惠美理，为惠美理祈福，为什么当时的我们没有意识到这一点呢？这才是我们应该做的事情。"

凑佳苗笔下的每个人都带有环境造就的鲜明个性。这不仅仅体现在《告白》和《赎罪》上，从《少女》到《为了 N》，从《夜行摩天轮》到《往复书简》，她对每一个人都尽心描绘，没有角色偏私的她让笔下的每一个角色都真实且张力十足。在凑佳苗的所有作品里都有着对人性最直白的探讨，但不管其中带有多少的私欲和不堪，抑或是成长带来的乖戾和偏执，犯罪这个悲哀的象征都只是她拷问内心的一件工具。她所要呈现的不是一个单一化的视角和简单的是非观，毕竟在这个世界上没有绝对的圣人，也没有坏到底的恶人，她所要表达的，是芸芸众生在人性的枷锁下应该还原和留有的爱和谅解。我们无法逃离生活给我们带来的影响，却可以选择在这个影响下保有多少爱和谅解，怀揣多少对生命最初的敬意和热爱。●

g.《为了 N》
2010 年，东京创元社
h.《往复书简》
2012 年，幻冬舍文库
i.《白雪公主杀人事件》
2012 年，集英社
j.《高校入试》
2012 年，角川文库

k.《夜行摩天轮》
2013 年，双叶文库
l. 电视剧《夜行摩天轮》
2013 年
m. 电视剧《为了 N》
2014 年

n. 电影《白雪公主杀人事件》
2014 年
o.《境遇》
2015 年，双叶文库
p.《母性》
2015 年，新潮文库

大森望
日本 SF の夏とともに存在する男

大森望
他与日本科幻的盛夏同在

杨萌萌 / text

张田、张艺 / interview

大森望 / picture courtesy

法国哲学家米歇尔·赛尔曾经这么说过"科幻小说之父"儒勒·凡尔纳：

"为了使科学和社会之间的界面充满活力，

我们所缺少的就是儒勒·凡尔纳。"

科幻小说的确是起到了连接科学和社会的重要作用。

a.

b.

c.   d.   e.

科幻小说（SF, Science Fiction）是随着近代科学技术发展而出现的一种新的文学形式，是描述想象的科学或技术对社会或个人产生怎样的影响的虚构文学类型。

日本在大正时期和昭和初期开始盛行科幻小说。太平洋战争中原子弹给日本带来了不可想象的破坏，战败后一些作家甚至想过自杀。海野十三、大下宇陀儿等一些作家痛定思痛，重新开始创作生活。面对普遍存在的"生存"这一问题，战后的日本不仅需要科学的心智，更需要科学的精神。

1946 年，科学哲学协会在信浓每日新闻社的资助下创办《宇宙与科学》杂志，以促进科幻小说的创作。之后，被称作战后科幻第一号专业期刊的《星云》诞生，但经营惨淡，仅仅出版了创刊号便销声匿迹。飞碟研究会、Ω俱乐部等科幻团体相继涌现。在科幻小说这一题材尚不明确的时期，还产生了一名创作水平非常高的作家安部公房。

1952 年，手冢治虫凭借《铁臂阿童木》轰动全日本，20 世纪 50 年代末，面向业余科幻爱好者的 SF 同人志《宇宙尘》创刊，并推出包括星新一、小松左京、筒井康隆等在内的第一代 SF 作家。与此同时，早川书房创办了杂志《SF Magazine》，为了发掘新人，开始举办征文活动。

关于 SF, 20 世纪 60 年代，因为期刊的兴盛和评选的挖掘，大批划时代名作出现，《日本沉没》应运而生。SF 创作界随着日本经济的高速发展而变得十分热闹，1962 年《宇宙尘》主办了第一届科幻大会，关于 SF 的讨论也兴盛起来。

大森望便诞生于这么一个 SF 兴盛、大师辈出的时代。学习美国文学的他，在校期间便翻译了大量的西方科幻小说以及英文文学佳作，也编选了很多科幻小说集，如《21 世纪 SF1000》《现代 SF1500 册》等，有着深厚的科幻小说功底。

他编辑的《年刊日本科幻杰作选》系列、《NOVA》系列等，基本都代表了日本短篇科幻的最高水准；他主持的创元科幻短篇赏也是近年来日本科幻新秀出道的重要舞台。与评论家丰崎由美共同编撰的系列评论集也是人气佳作。

在文坛和评论界他发言大胆，敢想敢说，不怕得罪人。另外他还慧眼识珠，帮助过落选小松左京奖的伊藤计划和圆城塔。这两个新星后来都成为日本 SF 界的传奇人物。一言以蔽之，大森望是日本当代 SF 史上不可或缺的人物。日本 SF 的寒冬已经过去，夏天已然到来。大森望便是夏天的守护者。

a. 大森望译作，库尔特·冯内古特《看这儿，照相啦》河出书房新社，2014 年
b. 大森望译作，迈克尔·康妮《Brontomek!》河出文库，2016 年
c. 大森望责任编辑，以一年两册速度出版的《新作日本科幻小说集 NOVA》
d. 大森望责任编辑，《新作日本科幻小说集 NOVA+ 尸者的帝国》河出文库，2015 年
e. 大森望著，《新编科幻翻译讲座》河出文库，2016 年

"机器人科幻也许可以称为日本的祖传绝技。"

大森望

原名英保未来，生于 1961 年，毕业于京都大学文学部美国文学专业。日本 SF 翻译家、评论家、编辑。他在《本之杂志》《周刊新潮》等杂志担任过评论，翻译过包括菲利普·迪克、康妮·威利斯等诸多 SF 作家的作品。

知日　为什么成为专攻 SF 领域的评论家？

大森　我从小时候起就喜欢 SF，高中时候出了同人志，在大学也加入了 SF 研究会。从那时起开始创作 SF 作品，后来一边在出版社工作，一边翻译 SF 作品、写书评。

知日　对于宫内悠介的《美国最后的实验》，你评价为"超越了娱乐性的本质，迈向了新一个平台"，为什么会这样评价？你对 SF 作品的评价标准是什么呢？

大森　娱乐性作品都具有一定的定式，遵守这样的定式，可以让作者获得安心的阅读体验。《美国最后的实验》一书的前半段遵守了这样的形式，但在后半段通过对这种形式的破坏，带来意想不到的结局，也给读者的阅读体验带来了冲击。我会根据作品的特性、论理性、创意的冲击性、设定的一致性等进行评价。但对具体作品来说，也有不适

用于这套理论的情况，所以，在评判 SF 作品时，标准不止一个。

知日　日本诞生了很多像星新一、小松左京、简井康隆这样有影响力的科幻作家，并且有很多日本科幻作品被好莱坞改编成电影，带来全球性影响。你认为日本 SF 发展的原因是什么？日本 SF 可以说是想象力和科学性的集合体，其中来自日本文化的影响有哪些呢？

大森　日本 SF 曾经随着经济和科学技术的高速发展，迎来一个黄金期。日本科幻所拥有的未来前景和 20 世纪六七十年代特有的时代感相符合。就像美国的宇宙冒险类作品仿佛是在描写西部冒险一样，日本科幻作品也受到很多歌舞伎、能乐、净琉璃、落语等传统文化的影响（尤其是小松左京、简井康隆）。但从表面上看，还是受欧美科幻作品的影响大。

知日　在黑船来航时代，儒学者严垣月洲写出了《西征快心篇》，1973 年，小松左京创作了《日本沉没》，虽然各自描写的世界不尽相同，但日本科幻创作是否有共通的地方呢？在各自背景下，又分别有怎样的特征呢？

大森　指出日本科幻共通的特征十分困难，但对于战后日本科幻来说，初期人们喜欢阅读俯瞰人类未来的视角描写的宏大主题的作品，但在 20 世纪 70 年代以后，从日常出发的 SF 作品慢慢增加。20 世纪 80 年代之后，随着动画和游戏的流行，科幻作品的类型也逐渐多样化了，出现了角色小说、硬科幻等多种方向。

知日　日本 SF 包括人工智能、未来都市、机器人等许多主题。然而提起日本，还是《铁臂阿童木》等机器人系列被全世界人所知晓。你认为日本的作家最擅长什么主题？为什么？

大森　与欧美科幻相比较，日本科幻小说很少以宇宙为舞台（虽然这在科幻动画中不在少数），但时间旅行（尤其是时间循环）类的题材比较多，这也是日本科幻特征之一。美国的"宇宙科幻"有着探险精神作为支撑，日本的"时间科幻"则是像重组拼图一样把故事的条理拼凑起来，情节上偏重恋爱方面的比较多。

　　从最近的倾向来看，涉及机器人和人工智能的题材也在增加。从世界角度来看，机器人科幻也许可以称为日本的祖传绝技。随着现实世界里机器人和人工智能的不断开发，机器人在身边触手可及，机器人科幻题材也展开了新的可能性。在日本，以 TV 动画初始期的《铁臂阿童木》为首，《魔神 Z》《机动战士高达》便以机器人动画的繁盛为荣，开始了独创的进化之路。

知日　日本和美国的科幻文学分别侧重于什么？是否有表现出这两国的文化差异的作品？

大森　美国科幻的源头是"开拓"，而日

f. 大森望书斋
g. 摆满书籍的书架

f.

本科幻的源头则是"精炼"。或者说,以轻小说科幻为中心考虑的话,"幼态持续"(neoteny)也是特征之一。

知日 星新一的作品中描写的世界,成功预言了现在的世界,近藤真琴的《新未来记》也是以近未来为内容进行的描写。你觉得现在的科幻作家所描绘的世界会在未来变成现实吗?

大森 虽然 SF 具有的一项功能是预测未来,但是否预测准确这一方面不是很经常被提及。时间机器和超光速驾驶也许没有办法实现,但作为科幻主题,"发明"无论在过去还是现在都十分有魅力,尤其是描写可能会实现的未来。然而就算在未来实现的话,与对作品的评价还是不尽相关的。不如说,描写不可能发生的未来,表现出别人想不到的可能性才是更加重要的。

知日 科幻小说拥有百年以上的历史,在科学技术进步发展的现在,科幻小说存在的意义又是什么呢?

大森 科学技术的专业化不断发展,使科学变成普通人难以理解的存在。在以水素水为代表的伪科学蔓延的现代,科幻才更有存在的意义。将科学的有趣之处和可能性通过简洁的语言用小说表现出来并不是科幻的使命,但今后这种机能想必会变得更加重要。

知日 许多日本的科幻作品通过动画或漫画广为人知,那么动画、漫画、小说在表现科幻的世界时,各自的优势是什么呢?

大森 打破了语言常规的题材首先是动画,其次是漫画,最后是小说。翻译小说的时候很辛苦,受众也比动画和漫画更加小众,作为商业来看也是很难成功。但从世界角度来看,日本的科幻小说还是维持在很高的水准,若是突破语言的常规,被世界所认同的可能性也是很高的。

知日 《日本沉没》充满了只有日本人才能写出的特有的冷静的科学精神和反省精神,

关于这点你怎么看?
大森 虽然我不认为只有日本人才能写出来,但在作品中展示的"毁灭美学"的确非常具有日本色彩。小松左京对日本历史、传统文艺及古典文化的造诣之深,在《日本沉没》中表现得淋漓尽致。《日本沉没》的畅销,也表现了日本人的国民性吧。

知日 筒井康隆的《穿越时空的少女》《红辣椒》等作品通过日本的优秀动画家动画化,引起了广泛的关注。你对此怎么看?另外,是否有只有通过文字才能表现出来的作品呢?

大森 我认为,在筒井康隆的作品中,比起《穿越时空的少女》,还有更多更优秀的小说。当时在面向中学生、高中生的杂志上连载,网罗了时间科幻等许多热点,而且由很多想象上的留白所构成。在影视化、动画化上,这些点都是非常有利的。虽然在原作中并没有刻意强调,但在日本历史上可以称之为"时间循环的流行原点"的作品。

今敏导演的《红辣椒》所表现的梦中世界的影像十分精彩,是名留史册的作品。

同样是筒井康隆的作品,《残像上的口红》《DANCING VANITY》等以语言实验的要素为主的小说,影像化是非常困难的。如果是最近的日本科幻的话,圆城塔、西岛传法等以文字本身的魅力打动人的科幻,相比也是很难影像化的。●

g.
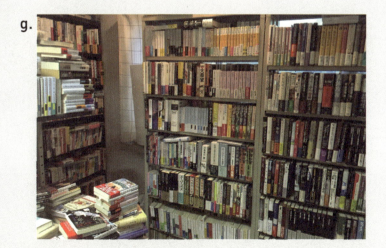

伊藤計劃
もし神様がもっと時間をくだされば

伊藤计划
假如死神多给他一点儿时间

丁丁虫 / text
曾媛 / photo

日本的科幻文坛，

可以说是群星荟萃的地方。

从早期的星新一、小松左京、筒井康隆，

到中坚代的神林长平、濑名秀明、山本弘，

以及新近风头正健的宫内悠介、藤井太洋、长谷敏司等，

每一代都不乏耀眼的明星。

在这些璀璨的星光中，有一颗流星虽然只在

天空中闪耀了短短一瞬，

却以耀眼的光芒震惊了整个

日本科幻文坛。这颗流星，

就是夭折的天才作家，

伊藤计划。

a.
伊藤计划三部曲之
《屠杀器官》《和谐》。

伊藤计划
三部曲

《屠杀器官》
（虐殺器官）

卡车穿过泥泞，留下深深的车辙，我看见一个小女孩儿将脸埋在里面。她就像爱丽丝，想去车辙底下延伸开的神奇异国漫游似的。可那后脑勺大敞四开，绽放着殷红的花，装在头盖骨里的东西一览无余。

这是《屠杀器官》开篇的一段话。《屠杀器官》是伊藤计划的处女作，1974 年出生的他，2006 年以这篇小说参加小松左京奖，获得了早川书房编辑的青睐，从此正式踏上作家的道路。

《屠杀器官》的故事发生在不远的未来。世界各地战争频发，无数平民惨遭屠杀，而所有的战乱背后隐约都有一个美国人约翰·保罗的身影。主人公身为专司暗杀的美国特种部队士兵，接受指令追杀动乱之源，却又屡屡错过目标。在追踪与反追踪的过程中，主人公逐渐发现了约翰·保罗引发战争的机制：无论哪种语言，都共通地存在一种能够导致大屠杀的深层语法，约翰·保罗就是通过目标地区的广播、报纸、电视新闻和各种出版物，将蕴含了这种深层语法的语言渗透到人们的日常生活中，从而挑起目标地区的战争。换言之，人类为了适应进化过程而产生的语言这一"器官"，反过来导致了人类的灭绝。这也正是书名"屠杀器官"的由来。但约翰·保罗的动机是什么？他为什么要在世界各地不断引发血腥的屠杀？

"是为了守护所爱的人们。"

在临近尾声的时候，约翰·保罗这样解释自己的动机。他的妻儿在恐怖袭击中丧生，他因此发誓不再让同样的情况发生。但爱如何成为引发屠杀的理由？美国究竟在世界各地的动乱中扮演了什么样的角色？发现了所有真相之后的主人公又将做出什么选择？作者在小说中给出了引人深思的解释。

《和谐》
（ハーモニー）

伊藤计划的第二部小说，也是他在病榻上写成的生前最后一部小说，《和谐》塑造了一个无病无痛的世界。在这个世界里，人们成年后身体中就会注入纳米机器人"WatchMe"，它会随时监控身体状况，主动修复一切外伤和疾患——这是作者饱受病痛折磨之下的憧憬吗？并非如此。因为在故事的开头，主人公高中女生图安便和两个同学一起尝试自杀，想要以此反抗这个"正变得越来越健全，越来越健康、和平、美好，善意在人间四处流淌"的世界。最终 3 个人里只有提议自杀的米阿哈死亡，主人公和另外一人被救了下来。但在 13 年后，全世界范围内发生了 6 000 人于同一时刻集体自杀的事件，主人公在调查过程中惊讶地发现，一切证据都指向本该早已死亡的米阿哈。

在日本文化传统中，"和"占据了最为醒目的位置，所以也许日本人对于作者在书中塑造的"和谐世界"更有感触。这个世界让人们彼此间无私相爱，像爱自己一样爱他人，每个人都关怀、同情他人，同时也被他人关怀和同情。很难说这样的描写有多少是在影射日本社会，但从全文的基调来看，作者似乎并不认为这样的世界真是人类最美好的归宿，哪怕作者在现实世界中还忍受着病痛的折磨。

美好的未来应该是什么样的？尽管故事安排了少女的自杀，但伊藤计划并没有给出自己的答案。也许他心中也没有找到答案吧。伊藤计划只是在全书的最后给出了另一种可能：

天使的翅膀碰触了人们的大脑，意志和意识从此消失。在这崭新的世界里，一切都是自动自觉的，人们无须为任何事做任何选择。迷茫、选择、决断都已不复存在，这个世界无限接近于天堂。

《尸者的帝国》
（屍者の帝国）

《尸者的帝国》是伊藤计划三部曲的最后一部。准确地说，伊藤计划只写了这部小说的开头（30多页），后续内容都是由他的好友圆城塔补完的，所以这本书和前面两本的风格有着巨大的差异，不过整部作品的基调在开篇已经确立下来，主要设定也在短短30多页里大致完成，因此依旧可以算是伊藤计划的作品之一。

　　《尸者的帝国》属于架空历史小说，故事发生于工业革命如火如荼的近代，但书中推动人类社会发展的并非蒸汽机，而是"尸者"——大脑中被写入人工灵魂的人类尸体，可以遵循主人的命令从事各种工作。除了这个最大的区别之外，故事中的历史进程与现实世界保持一致，譬如美国南北战争、英俄的欧亚大陆争霸等，但又杂糅了许多亦真亦幻的细节，比如说主人公名为约翰·华生，也就是鼎鼎大名的福尔摩斯的助手；又比如华生横跨地球一路追踪的初代尸者名为查尔斯·达尔文，也就是现实世界里那位创立进化论的著名科学家。

　　当然，单纯嫁接现实中的细节并非作品最大的特色，作为小说的续写者及伊藤计划生前的挚友，我们可以看出圆城塔尽力承续伊藤计划衣钵的努力。尸者的设定显然可以追溯到《和谐》中受到"WatchMe"控制的人类，而向尸者大脑中写入的"情绪模块"也有《屠杀器官》中语言深层语法的影子。不过，或许最重要的是，圆城塔最终让主人公华生在自尽之前给一直陪伴自己的尸者"星期五"赋予了灵魂，而觉醒后的星期五则踏上了寻找主人的漫漫旅途。这是不是寄托了圆城塔对伊藤计划的思念呢？

尽管内容并无明显的关联，《屠杀器官》《和谐》《尸者的帝国》通常还是被称为"伊藤计划三部曲"，改编的动画作品自2015年底陆续上映。它们也给伊藤计划带来许多荣誉：
　　《屠杀器官》获得早川书房"最想读的科幻2008年版"第一名、《月刊Playboy》的推理大奖第一名、第28届日本科幻大奖的提名。

　　《和谐》获得第40届日本星云奖、第30届日本科幻大奖，英文版获得菲利普·K·迪克奖的特别奖。
　　《尸者的帝国》获得第44届日本星云奖和第33届日本科幻大奖。

伊藤计划，与死亡并行

大约是因为一直在和死神搏斗的缘故，在伊藤计划的所有作品中，"死亡"都是最核心的元素。《屠杀器官》开篇就是如山的尸体，《和谐》通篇写的都是生与死的问题，《尸者的帝国》更是直接将尸体塑造成人类文明得以发展的原动力。就连短篇小说也带有浓厚的死亡气息。《无差别化引擎》中的主人公深陷种族仇杀；《From the Nothing, with Love》中的007本身就是行尸走肉。日本的小说中，对生与死的感悟和思考并不鲜见，但像伊藤计划这样对死亡的"痴迷"却可以说是绝无仅有的。

　　伊藤计划的"死亡"有着与众不同的特点。他描写死亡的态度就仿佛那是一件极其单纯的事实，既无须敬畏，也不必恐惧。死亡就是身边的日常小事，如同吃饭喝水一般自然。譬如《屠杀器官》的序章，用淡淡的笔触描写了残虐恐怖的屠杀景象之后，作者笔锋一转："我们一起前行，加入到死人的队伍中去。"同样地，在《无差别化引擎》中，主人公用铅笔扎穿同学手掌的一幕，也被伊藤计划写得理所当然，仿佛毫无惊惧之处。

　　不妨对同样以不死社会为主题的两部小说《和谐》与《百年法》做一个比较。同样是人类不再死亡的社会，在《百年法》中，追求死亡的动机是为了将人类这个种族延续下去而做出的自我牺牲；而《和谐》的主人公之所以对社会抱有强烈的质疑，却是出于纯粹的个人主义。也就是说，前者对待死亡的态度依旧是传统的敬畏，后者则将死亡视为个人的一项权利，值得不惜一切代价去争取。可以说这是伊藤计划的作品不同于以往的最大特点。

b.
伊藤计划三部曲之《尸者的帝国》是伊藤计划去世后，由他的好友圆城塔续写完成的作品，获得第 44 届日本星云奖和第 33 届日本科幻大奖。

后伊藤计划时代，科幻能做什么？

伊藤计划的出道令所有人惊艳，他的骤然陨落也令所有人惊讶。不过，即使是短暂的流星，他的光芒依然照亮了日本文坛。在他身后，日本已经出版了多部研究书籍，也有好几本由各位作家撰写的小说纪念合集。

日本著名科幻评论家大森望，索性将伊藤计划的出现当作日本科幻的分水岭，他的系列讲座《科幻能做什么》的副标题就是"后'伊藤计划'的现代科幻展望"。大森望认为："新本格推理的勃发期、绫辻行人的《十角馆杀人事件》所完成的'消化古典义务之重置'，（在科幻中）由伊藤计划的《屠杀器官》《和谐》完成。"

日本现代意义上的科幻小说自 20 世纪 50 年代起步，经过 60 多年的发展，如今的日本科幻呈现出百花齐放的态势，不仅作家作品层出不穷，"科幻"元素更是扩展到影视、游戏等各个领域。然而正是如此欣欣向荣的形势，恰恰印证了"科幻（性质的）小说之繁荣，导致了科幻小说这一类型的衰退"（笠井洁）。小说皆可科幻，也就无所谓科幻小说了。

在这样的时刻，伊藤计划的出现，就成为日本科幻在新世纪的背景下对自身历史进行的重新审视和继承发展。按照藤田直哉的观点，那是"日本式的新人类"——因日本特有的沟通方法与信息环境导致自我轮廓发生融解，从而令此种国家的读者产生共鸣的"新人类"。藤田直哉还认为，日本科幻所处理的主题："人类""意识""身体""信息""交流""生命""AI"等，都是"日本式的新人类"主题的变奏。正是由这样的观点出发，"伊藤计划以后"成为一个独特的定语，它意味着日本科幻的回归与升华，意味着日本科幻重新作为一个类型产生出新的自觉。这也正是伊藤计划留给日本科幻乃至留给世界科幻的最大财富。

虽然伊藤计划的作品内容常常会令人想象他厌倦病榻、生不如死的模样，但伊藤计划本人依然是个积极乐观，对生命有着无限渴望的人。他曾经写道："时间有限，无法浪费在很多兴趣上，只能集中去做最重要的事。"这让人不禁想问，如果死亡之神多给他一些时间，他还会给这个世界带来什么呢？●

特集　脑洞

海の底に火山が噴火する
日本 SF 物語りにあるファンタジーと予言

一场海底的火山爆发
日本 SF 故事里的幻想与预言

曹畅 / text

曾媛 / photo

有人形容日本的 SF，

"就像海底火山的爆发，无声无息，却骇人心魄"。

秉承日系文学一贯的风格，

日本 SF 也凭借着朴素直白的语言

和耐人寻味的故事情节，

在世界科幻文坛占有一席之地。

SF（Science Fiction）这个词在日本，之前多被译作"科学小说"，后来一度被解释为"空想科学小说"，发展至 20 世纪 70 年代以后，人们干脆用 SF 来直呼这类有关"想象的科学"的虚构文学作品。无疑，给 SF 下个确切而无可争议的定义并不是件容易的事。

日本科幻主流还是和世界的潮流保持一致。作为一种流行读物，SF 在日本受众极其广泛。尤其是 2007 年，被称作日本科幻的转机之年，圆城塔和伊藤计划两人各自推出自己的处女作，带动了日本科幻文学的复兴。如今谈论起 SF，人们脑海里浮现的也不再局限于陈年老套的"宇宙"和

"机器人"，脑洞大开的日本科幻小说家们，早已在"时间""日常""人工智能""脑和意识""未来都市""外星人""生命与进化""改变历史"等各种新题材里开拓了新大陆。由此，日本 SF 也渐渐因主题不同而被贴上不同的类别标签。

此次精选出的六部作品，作者既不是我们所熟知的小松左京，也不是星新一、小林泰三、梶尾真治等传统的 SF 大师，而是近几年的 SF 新星。其作品是日本当代的 SF 中不同题材的作品中的典型。风格迥异的背景设定，变幻莫测的情节展开，让我们一起慢慢迷上这奇妙的科幻世界吧。

主题一：外星人

環八イレギュラーズ

环八游击队

佐伯琉伽
中央公论新社
2014 年

平日里，我们可能习惯了用语言沟通，却几乎不曾想过对于那些患有自闭症、阿斯伯格综合征之类有先天沟通障碍的人来说，把语言作为交流的一种工具是多么奢侈和不可思议的事。在《环八

游击队》中，作者就以外星人混入地球，破坏人类正常生活的前提设定，用轻快的笔调讲述了一个有交流障碍的少女与一个患有自闭症的少年共同拯救地球的故事。

自幼患交流障碍的高二宅女唤子，有一天，突然有什么东西侵入了她的身体。一个自称是从别的宇宙过来的"刑警"告知她，一个越狱犯正躲在她体内，并且若是 30 分钟内触碰不到另一个人，她的灵魂将立刻消失。当她听从指示，触碰到她同学的弟弟，患有自闭症的泰弘后，"逃犯"果真从唤子体内出来，跑到了泰弘体内。作为交换，泰弘的灵魂被驱赶出来，到了唤子身体里。为了夺回原来的身体，唤子一行二年级 B 组小分队协力帮助刑警搜查逃犯。

小说中不管是"刑警"还是"逃犯"，都能肆意进入人类体内，操纵个体记忆，但由于受病毒体的限制，他们也有自己的生存法则，理所当然也会有致命的软肋。充满智慧的小分队知道，要想成功找到突破点，必须依从法则，乘"虚"而入。于是一场团队合作、斗智斗勇的环八游击战轰轰烈烈地开始了。

故事趣味性地展开，让此书大获读者们的喜爱。同时，故事里患有自闭症的泰弘和有交流障碍的唤子这样的人物设定，让这部原本不被看好的新人作家出道处女作，出乎意料地拥有了巨大的社会影响力。

"刑警"可以通过病毒体，用灵魂感应人类的想法，而人类为了要理解他的意思，要学会读解他提供的带有图像的卡片。也就是说，在双方互相沟通的时候，必须通过臆测和推想达成。交流过程之纷繁复杂，恰恰让读者们反过来思考无法用语言工具的不易。现实中像泰弘、唤子这样的弱者，其实就是活在地球上的"外星人"。

主题二：生命与进化

華龍の宮

华龙之宫

上田早夕里
早川书房
2010 年

"如果失去的东西必将变得没有价值，那么你的生命也是没有意义的吧。"

荣登 2010 年日本 SF 大奖赛榜首的作品是《华龙之宫》。这书名总会让人误以为是描写平安时代的贵族社会的作品，而实际上，这是部以最新地球科学为基础，描写在剧烈变化的地球环境下人类社会的硬科幻小说。书中作者所创造的"人类"和"超人类物种"间各种错综复杂的关系，让这部作品有了非凡的魅惑力。

海底隆起，世界几近沉没，只留下一小块陆地的 25 世纪，大灾难中存活下来的人类被分为陆上民和海上民，他们抱着巨大的文化差异在陆地和海洋过着各自的生活。随着海上民的不断增加，表面上风平浪静的世界，其实早已暗潮汹涌。此时出现的外交官青澄诚司，原本是受陆上政府指派，去海上协调，但他在执行任务的过程中，却意外发现，比起自己事业上的出人头地，能实实在在地在现场解决海陆纷争，才是更有意义的事。青澄虽身为陆上民，却也能无比理解海上民的感受，他试图化解双方的矛盾，与海上民中最有权力的女长官交涉，两人达成共同消除海陆对立的共识，却想不到政府官僚同事的争论、各国联合的企图，都成了他们前进的阻碍。

与此同时，IERA 国际环境研究联盟似乎已经预料到这个星球将会给人类再次带来残酷的考验，一个绝密计划也在慢慢酝酿中。

故事发展至此，像极了人类未来版政治题材的电视剧。

此篇小说的魅力，其实更多应该来自作者上田巧妙的"脑洞大开"。他在海上民身边设置了渔舟，给陆上民配了能思考人类发展的人工智能体（AI），当然，他也为主人公青澄诚司安排了这样的一个人工智能体助手马克。马克仿佛能完全读懂他内心，文中每次提到青澄的部分，都是马克以第 1.5 人称的视角来描述的。然而这样天马行空的设定，估计只有在 SF 中才会出现吧。

主题三：未来都市

ユートロニカのこちら側

永远静寂的这边

小川哲
早川书房
2015 年

被完善管理下的未来都市社会，到底是乌托邦还是暗黑世界？

《永远静寂的这边》就是一部未来感十足的科幻大作。作者以"住民给公司提供个人信息换取生活保障"这样奇妙的设定，展开 6 个不同的故事。

阿嘎斯提亚度假村是马英公司在旧金山海边运营的特别提供地区。在那里，住民们的视觉、听觉、位置情报等信息都可以被马英公司无限制获取，而作为回报，公司也会为住民们提供最高规格的生活基础保障。

光影交织的美好理想街道上，为产生幻觉而烦恼的夫妻，因有潜在犯罪倾向而被强制搬离住所的男人，试图在都市制造恐怖事件的日本留学生……"企业得到数据，人们得到'不工作也能过得很好'的权利"这种看似双赢的条件，到底隐藏着怎样的危机？

"如果马英公司从头到尾都是错的，这个度假村大概也不会繁荣起来吧。他们巨大的错误里，绝对也能找到正确的答案。但那到底是什么呢，我只是想知道这个啊。"这是小说第 5 章的主人公由纪的台词。一直无法苟同马英公司价值观的她，也开始冷静下来反观事实。

这个阿嘎斯提亚度假村，与其说是虚幻，不如说更像是如今网络社会的折射。根据人们的偏好而变化着不同内容的搜索引擎，不就是变相获取用户信息的网络工具吗？如果一直这样继续下去，后果会不会被作者一语中的……

"自由意识究竟是什么？""个人隐私究竟是什么？"这必定是一部会让很多人产生共鸣的作品，看完整本书，大概你也会困惑地想马上找个人谈谈。

主题四：日常

絞首台の黙示録

绞首台的默示录

神林长平
早川书房
2015 年

"你是……"几度欲言又止，可是最终还是开了口。"你，到底是谁？"

很多人认为，只有硬科幻、大场面，才算"好的"科幻小说。日常类的 科幻小说，算是科幻作品中的异类，没有所谓的时光隧道，没有人为蓄意制造的混乱，没有战斗机、宇宙飞船、外星人等各种典型的 SF 要素，表面上毫无科幻色彩，但细细思考，光是其中的语言就能让人回味无穷。

《绞首台的默示录》就是这样一部"用言语的力量"传达幻想的细腻而大胆的作品。它以科学与宗教价值观的差异为大主题，以作家、死囚犯、教诲师三人多视点复杂交错的对话为主线，讲述了两个一样面孔的人发生的一系列不寻常的故事。

在长野县松本市生活的作家"我"，为了确认一直联络不上的父亲伊乡由史的安危，回到了阔别多年的家乡。小时候父亲给生下来不到 3 个月就夭折的"我"的双胞胎哥哥和"我"分别取了"文"和"工"这两个日文发音相同的名字。但是这次回家，发现父亲不在之后，突然有个自称"文"的和"我"长得一模一样的男人走了进来。

他说，他来这儿是因为他把养育自己的父亲杀了并被判处死刑……

究竟是双胞胎、三胞胎还是克隆人，关于这个跟"我"很像的男孩的种种谜团，在作者一个又一个跌宕起伏的设定中慢慢走向高潮。沉重得让人喘不过气的开头，通俗易懂的对话形式，惊心动魄的情节发展，还有出人意料的欧·亨利式结尾，环环相扣，张弛有度，使读者始终处于"一会儿好像明白了，一会儿又陷入迷思"的状态。到最后一秒，说不定你也会开始怀疑文中的"我"到底是不是真的"我"。

主题五：宇宙

クリュセの魚

克里斯平原的鱼

东浩纪
河出书房新社
2013 年

对于地球上的人类来说，战争似乎过去很久了，久到令人忘却。但是，随着外星文明的遗留物——虫洞入口的发现，所有的一切似乎都改变了。

宇宙类型的科幻小说，往往是所有类型中最具人气的一类，可以说是 SF 中的王道类型。曾凭长篇小说获得过三岛由纪夫奖的小说家东浩纪，在科幻小说《克里斯平原的鱼》中以"25 世纪的火星"为背景，讲述了"一个少年始终无法忘记自己爱的人，极力想回到过去，而最终为了两人的女儿而选择放弃让时光倒流的故事"。

主人公彰人从小一直喜欢一位比自己年长的女性麻理沙。两人相识，相恋，但是突然有一天，她在一次恐怖袭击中不幸身亡。实际上，她是有日本亡国末裔血统的人，必须在独立运动中挑起重任。

几年后，仍然忘不了麻理沙的彰人，决定好好照料自己和麻理沙的女儿栖花。

彰人每次看着女儿，脑海里浮现的是她母亲的面容。彰人怀着对过去没有阻止麻理沙参加独立运动的歉疚之意，把女儿养大，但是最终女儿还是知道了自己和母亲血统的事。

主人公彰人不得不做出选择，要不要回到和麻理沙相遇的那个时候让一切重新开始？

地球和火星之间的那道门里悬念重重，与之相关的计划也慢慢浮出水面，人类的第二故乡火星，现在正要迎来一个激烈变动的时代。

"如果是彰人君做出选择的话，这就是命运了……我们的命运"。

《克里斯平原的鱼》中大量的 SF 专业术语的出现，想必会让很多科幻迷们大呼爽快。读者们对宇宙无穷尽的幻想世界里，融入作者东浩纪的天马行空的描写，会让这部以"25 世纪的火星"为舞台背景的"纯爱"小说产生怎样奇妙的化学反应呢？

主题六：机器人

BEATLESS

BEATLESS

长谷敏司
角川书店
2012 年

100 年后，机器人横行的时代，人类存在的意义是什么？人类会被这过度进化的"物"所淘汰吗？

机器人一直是日本最擅长的科技领域，相对应的，有关机器人的科幻小说也在日本 SF 界大行其道。这类小说并不会太过注重"动作"形式，而是多以"人类以后的存在"这样的视点深入人心。日本科幻圈大名鼎鼎的小说家长谷敏司就在典型的机器人类小说《BEATLESS》里向我们展开了未来世界中人类与机器人共存的图景。该部小说曾拿下月度最佳 SF 榜冠军，也曾跻身 2012 年 SF 排行榜第三位。

22 世纪初，社会上的绝大部分事务都任命给了被称为 hIE 的人型机器人。21 世纪中期，计算机处理能力已大大突破了人工智能，使人类不得不与远智能于自己的工具共同生存。100 多年来，日益严重的"少子高龄化"导致社会上的劳动力大幅减少，而为了填补这个空缺的大量 hIE 机器人应运而生。其中因意外而流出的 5 具机体，因各自拥有不同的属性和独立的意义，彼此之间开始了波及世界的战争……

17 岁少年远藤新人，某天在家附近突然遭受袭击，就此与一名持有"黑色秘棺"的 hIE 美少女雷希亚相遇，并且订立了主从契约。虽然少年以为这是偶然，但其实完全是雷希亚精密计划的事件。无论是性格还是家庭背景，远藤都是她最完美的人选。面对这眼睛冰蓝，穿着黑白色连衣裙的"进化物种"，远藤是相信她，还是不信？雷希亚的接近究竟暗藏什么企图？少年开启了名为"Red Box"的潘多拉魔盒——这是人类男孩儿与机器人女孩儿相遇的故事，也是有关人与超越人类智慧之"物"的诀别与共存的课题。人和物，最终到底是谁在利用谁？●

パラレルワールドの
お土産を送ってくれて、ありがとう

谢谢你送我的，
来自平行世界的礼物

曹人怡 / edit & interview

PANTOGRAPH 工作室 / photo courtesy

如果你的朋友去平行世界旅行，

你会让他给你带什么礼物？

不知道这个问题有没有人认真考虑过。

有一本名叫"平行世界的礼物手册"的书正在热卖，

认真地介绍平行世界中商品的特色和优点，

仿佛一本再平常不过的购物手册。

书里登载的物品，

你也许觉得似曾相识，

却并没有使用过。

发明出这些商品的人在我们的世界里工作着，属于名为"PANTOGRAPH"的工作室。这个工作室的家伙们，也许真的是来自其他世界的人，迫于生计考虑，这些平行世界的人不得不将自己的世界里常用的物品在这个世界进行还原，并与日本发行量最大的电脑专门杂志《日经电脑》签订协议，将作品刊登为封面，以此获得在这个世界生存的能量。

尽管我们不能任意在平行世界里穿梭，也无法确定平行世界的礼物是否真的这么独特，但制作出这些平行世界礼物的 PANTOGRAPH 工作室，却可以说是名副其实的"脑洞工作室"。那些怪异又精巧的商品，并不是使用电脑特效完成的，而是全部由工作室成员手工制作出来。每年的 4 月 1 日，也是工作室的盛典，工作室会一本正经

地发布极具创意的商品，它们看上去荒谬，却又让人有希望得到实物的冲动。PANTOGRAPH 工作室 2015 年愚人节的作品，是一款玩具吹笛日语输入器，平时用来搞怪的小玩具，摇身一变，根据吹气的长短进行智能音节识别，连接手机和电脑后就可以解放双手来打字了。这一"高科技"商品看上去既有理论基础又很便利，甚至还有一些幽默滑稽，不知道有没有人心动呢？

平行世界并不是未来世界，在平行世界的礼物也不都是高效、便利的。对于我们这个世界的人来说，平行世界的商品新奇古怪，富有趣味。多亏了 PANTOGRAPH 工作室奇妙的幻想，让我们看到了不同的新鲜。

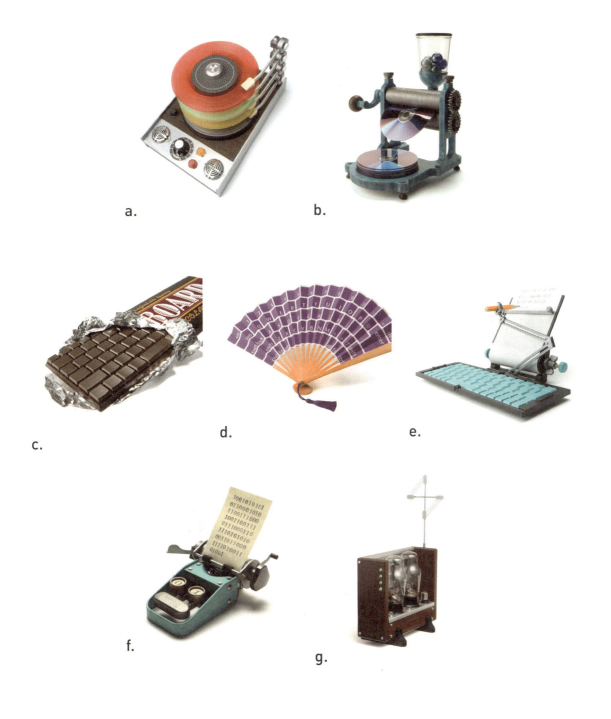

a.

b.

c.

d.

e.

f.

g.

a. 套装光盘唱片机：同时能听 4 张光盘的唱片机。可以将主唱、吉他、贝斯和鼓声同时播放，形成歌曲。也可以将主唱换成自己的声音，感受专业的气氛。

b. 光盘生成器：将浓缩了数据的数据球放入后，经过滚轴，通过延展生成光盘的机器。

c. 巧克力键盘：用巧克力制成的键盘，可用可吃，给深夜加班族提供丰富能量。

d. 扇子键盘：看似普通的扇子，展开后可以当作键盘使用，携带方便。

e. 手写式打字机：键盘连着笔，在键盘上敲击想写的文字，就能连接到笔上，生成手写的稿件。

f. 二进制打字机：电子数据的专用机。只有 "1" 和 "0" 键，猫咪和狗都能轻松驾驭！

g. 真空管无线路由器：应用了从前用于扩音器、收音机的真空管制作的路由器，颇有怀旧风味。

h.

i.

j.

k.

l.

m.

n.

h. 木桶储存器：像贮酒一样往桶里输送信息，桶的大小决定信息的储存量。打开水龙头还可控制电缆的长短。

j. 手动信息储蓄机：连接电子设备后，手动转动滚轮，就可以记录信息。

k. 算盘 CPU：通过算盘的演算法则，对信息进行处理。

l. 环保笔记本电脑：外壳用纸箱制作的笔记本电脑。

i. 智能机量产机：设定好智能手机的大小和宽度，就能量产智能手机啦！

m.扫除机器人：智能检索到需要扫除的地方后，机器里会伸出两只小手开始打扫。

n. 粗碾充电器：一边碾磨咖啡豆，一边对手机进行充电的装置。

o.

p.

q.

r.

s.

t.

o. 平板印糕：远看像是平板电脑，其实是用来装日本传统点心印糕的模子。

p. 电话计算器：通过拨号盘拨号输入文字，进行计算。

q. 暖炉充电宝：可以同时供暖和充电的便利装置。

r. 碎纸复原机：不小心放入碎纸机里的重要文件，将碎片放入该机器后，可以轻松复原。

s. 立体象棋：可以三人同时玩的象棋机。

t. 智能握力器：智能手机内部新增的装置，能够随时随地锻炼握力。

特集 脑洞

interview ⋯⋯⋯⋯⋯ 井上仁行

"将如今存在的用品进行扭曲，
是我最初的想法。"

井上仁行

PANTOGRAPH 工作室所属，以立体造型设计为主，其作品广泛出现在广告、杂志、CD 封面上。所制作的短篇动画系列曾在 2011～2012 年连续获得美国 DAVEY AWARDS 金奖、银奖。

知日　工作室取名为 PANTOGRAPH，有什么特殊的意义呢？

井上　Pantograph 是一种器械，它的用途是一种能够扩大或缩小的伸缩绘图器，同时这个词也表示电车中导入电力的集电装置，因此我希望我们的工作室和 "Pantograph" 这个词一样，既可以 "画出全世界"，又能够收集资源和情报。

知日　最初开始设计的《日经电脑》的封面连载的灵感是什么？现在连载了将近 130 话，也制作了 130 多种设计，你认为其中最有趣的是什么？

井上　将如今存在的用品进行扭曲，是我最初的想法。我设计的这些物件，都是平时好像见过，又觉得哪里有些不对劲的东西，我认为这个概念是最重要的，也可以说带有一些对现代消费社会的讽刺吧。我没办法选出最有趣的，至少可以选出 20 个。

知日　创作这一系列作品时，有遭遇过瓶颈吗？

井上　当然有瓶颈，也有非常忙的时候，不过我在平时产生一些想法的时候，就赶紧把它们记下来存住，一旦思维枯竭时，就会去看看这些点子，看看能不能想到什么。

知日　《平行世界的礼物手册》中，你觉得有什么商品是现在就可以实现售卖的？

井上　大概是 "环保笔记本电脑" 吧，现在社会物流进化速度很快，无人机也开始投入使用，网上购物越来越便利了，当时所设计的 "环保便签本" 就是这种环境下诞生的极端化设计。同时我很明显地感觉到，以前觉得价格昂贵的电脑，现在也越来越便宜了。

知日　2015 年 4 月愚人节时你们发表的玩具吹笛日语输入器的视频非常有趣，甚至让人产生了想购买的欲望。制作这个视频你们花费了多长时间？

井上　在愚人节发布这一类的视频是我们的惯例，为了不断地超出观众们的想象，每过一年，考虑新的创意就会耗费更多的时间。这次设计企划我们花费了四个月，然后制作道具和拍摄视频花了一个月的时间。

知日　你们还制作过咖啡店，在制作时有加入什么有趣的概念吗？

井上　对，我们还制作过一家名叫 "知更鸟" 的咖啡店，我们将咖啡店引入工作室的另一个主题——跃动，这是一家非常热闹的咖啡店。

知日　你们为《日经电脑》所设计的封面都是实物拍摄的，为什么不使用电脑制图？

井上　不论是《日经电脑》还是其他杂志，我们几乎都不使用电脑 CG 而是自己制作实物拍摄。这样一来，这个东西就在世界上真实存在了，我觉得这是一件很棒的事情。

知日　也可以说，你们很爱做手工？

井上　非常喜欢，不过也可以说我只擅长这个，其实电脑、数码相机，还有编程我都不太会。

知日　现在还有什么想挑战的事情呢？

井上　现在最想做的就是努力把自己制作的立体作品和动画作品持续更新，让它们为世界所熟知，利用书本和网络、展会等方式，让更多的人了解我们的作品。也希望《平行世界的礼物手册》能够在国外出版，我很期待其他国家的人看到这些作品的反应。●

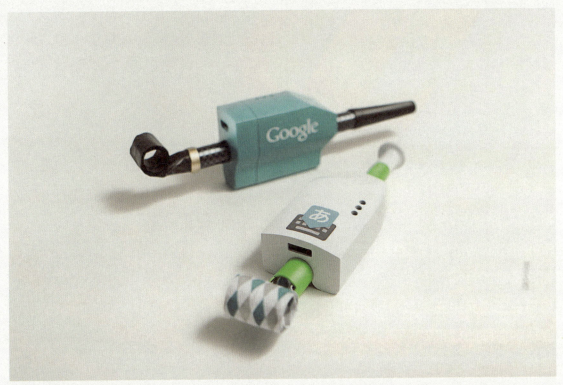

u.

v.

实用中二病語彙ハンドブック

实用中二病词汇手册

魏小杉 / edit

"爆裂吧, 现实!

粉碎吧, 精神!

Banish this world（放逐这个世界）!"

如此羞耻的台词,

如果在三次元中充满激情地喊出来,

会达到怎样的效果?

是的,

从此你就会多出"中二病少年（少女）"

这么一个光荣的称号来。

"人不中二枉少年", 一般到了 14 岁左右, 也就是初中二年级时（日语为"中二"）, 青少年开始经历转变成大人的过渡期。这个时期中, 不少人会为了与一切幼稚、平庸、循规蹈矩划清界限, 而幻想出一个成熟、强大、独一无二的自我, 依靠强悍的想象力生生脑补出一个"让自己看起来很帅"的世界。无论是华丽的魔法特效, 天使恶魔的登场演出, 还是一个在暗地里支配全世界的邪恶权力机关, 或是一套独有的宇宙运行法则, 这一切戏剧性的画面都可以不花分文地在脑内自动生成。于是也就有了"中二病"这一用来戏谑"青春期少年充满爱的空想"的词汇。

随着年龄的增长, 不少人开始脱离这种略带幽默的自我设定, 但却依然会将这些丰富的脑补落实到日常的言行上, 对于他人而言, 也算是增添了搞笑的气氛。

中二病患者对于语言是非常挑剔而讲究的, 对于他们来说, 那些充满"中二感"的语汇就是将无聊的现实世界瞬间转化为幻想世界的咒语。因此, 很多让人似懂非懂、多半夹杂着外来语的词汇, 尤其是与历史事件或专业学科有关联的词汇, 非常受中二病患者欢迎。为了能够"看起来很帅", 他们喜欢在日常用语里大量且毫无必要地使用这些词。●

① カオス理論
混沌理论

混沌理论认为动态系统的情况是复杂而无法预测的, 初始条件的最微小的变化, 经过不断放大以后, 也会使其未来状态产生极其巨大的差异, "蝴蝶效应"即是一个典型例子。

中二实践

买饮料时在不同的口味之间犹豫不决, 若旁人抱怨, 就告诉他世界正在被混沌理论支配着, 选橙汁还是蜜瓜汁完全可能是关系到地球存亡的大事。

② ラプラスの悪魔
拉普拉斯的恶魔

这是法国数学家皮埃尔 - 西蒙·拉普拉斯提出的一种科学假设, 此"恶魔"知道宇宙中每个原子确切的位置和动量, 能够使用牛顿定律来展现宇宙事件的整个过程: 过去、现在以及未来。

中二实践

当某样东西找不到的时候, 说自己可以召唤拉普拉斯的恶魔, 来指明东西的位置。

③ ゲシュタルト崩壊
格式塔崩坏

格式塔心理学中的概念, 指无法从整体的角度来理解一个具有整体性的构造, 而只能分解成个别的组成部分去理解的状态。比如长时间地注视同一个字, 就会突然开始觉得似乎不认识这个字了。

中二实践

拒绝抄写单词的作业, 告诉老师这种作业很危险, 会让自己的格式塔崩坏。

④ アラゴの円板
阿拉果的圆盘

这个名词看起来很有奇幻风格, 但这并不是什么神秘道具, 而是物理学家弗朗索瓦·阿拉果发现的一种现象, 指本身没有磁性的铜质圆盘, 在旋转时可以让磁针也跟着一起旋转。

中二实践

把看似平凡却吸引人的人或物都说成是"被阿拉果的圆盘附身了"。

⑤ シュレディンガーの猫
薛定谔的猫

物理学家薛定谔提出的，有关"猫既是死的又是活的"的著名思想实验的名字。有了此猫，中二的幻想世界即可与现实世界完美融合而不冲突，任何人都无法将其幻想世界断定为虚妄，可谓是守卫着两个世界的边界的神猫。

中二实践

当旁人质疑自己的"特殊能力"时，就当场召唤薛定谔的猫，以此说明矛盾的两个世界可以共存。

⑥ シュヴァルツシルト半径
史瓦西半径

如果一个重力天体的半径小于其史瓦西半径，天体将会发生坍塌，并发生强烈的时空弯曲，成为黑洞。一个物体的史瓦西半径与其质量成正比。

中二实践

在别人说自己该减肥的时候，不屑地告诉对方，自己必须要维持史瓦西半径。

⑦ ロシュの限界
洛希极限

当行星与卫星的距离近到一定程度时，潮汐作用就会使卫星解体分散，成为行星的环。这个距离的极限值就是洛希极限。

中二实践

在别人离自己太近的时候警告他，不要突破洛希极限，否则会当场解体。

⑧ 矛盾許容論理
次协调逻辑

次协调逻辑允许系统中存在特定的矛盾，认为在"是"与"否"之间存在着一个中间地带，在这里，矛盾的双方都是成立的。

中二实践

每当自己的中二发言前后矛盾的时候，就搬出次协调逻辑来强辩。

⑩ ブラックマンデー

黑色星期一

指 1987 年 10 月 19 日 (星期一) 的股灾,
当日全球股市在纽约道琼斯工业平均
指数带头暴跌下全面下跌, 引发了金
融市场的恐慌。

⑨ カノッサの屈辱

卡诺萨之辱

指发生于 1077 年, 德国皇帝亨利四世前
往卡诺萨城堡向教皇忏悔请罪的历史
事件。当时德皇赤足披毡, 站在寒冷的
雪地里等了三天, 受尽精神上的屈辱。

中二实践

每逢周一就表现得极为阴沉和警
惕, 有人问起就说, 因为今天是不
吉的黑色星期一。

中二实践

当友人比约定的时间晚来时, 以
声称自己遭受了卡诺萨之辱来表
达不满。

⑪ アノニマス

匿名者 /Anonymous

全球最大的政治性黑客组织, 主要分
布于美国, 在欧洲、非洲、南美、亚洲等
地均有分部, 对政府、大型企业以及恐
怖分子网站进行过多次攻击。

中二实践

交作业或试卷时, 在姓名一栏
里通通写 "Anonymous" 来代替
真名。

⑫ デジタルメガフレア
Digital Mega Flare

这一霸气无比、仿佛终极魔法招式一般的名称，实际上是日本一种农药的名字。正式名称叫作"水稻育苗箱用杀虫杀菌剂 Digital Mega Flare 箱粒剂"，主要针对臭虫。

中二实践

每次对虫子按下杀虫剂喷嘴的时候，都充满气势地大喊一声："Digital Mega Flare！"

⑬ 悪魔の証明
恶魔的证明

即"无法完成的证明"，是一种在诡辩术上经常被使用的招数，起源于宗教。比如要证明某物不存在即是一种恶魔的证明，因为无论你论证到何种地步，对方永远可以辩称此物是存在的，只是你没有找到而已。

中二实践

装病请假而被质疑"看起来并没有事"时，就抗议说这是对方在强迫自己做恶魔的证明。

⑭ アポカリプティックサウンド
终末之音

apocalyptic sounds 的日语音译，指在世界多个国家响起的异样声音，白俄罗斯、美国等多个地方均有报告，被称为"终末之音"。

中二实践

把上课铃声称为"终末之音"。

别册

日和手帖

毎日出会うパン

我们每日的面包

知日
STORE

兴晨 / text　曾媛 / photo

周末在家烘焙，盛放新鲜出炉的面包；和朋友小聚时享用的下午茶点心：一日三餐的料理过程中，都少不了砧板的使用。

日和手帖与传达食物生活方式的品牌食帖合作的这款砧板，选用 FAS 级美国黑胡桃木手工制作。每一块砧板都是由完整的黑胡桃木切割、打磨制成。

纹路颜色深浅相间，矿物条痕等材质的天然特性为其增加天然质感。厚度 1.2cm，轻便、容易收纳（附纯棉收纳袋）。黑胡桃木砧板可接触各类酸碱性食物，天然无毒。

每日使用的砧板，和我们每日的面包一样重要。

日和手帖微店全新上线！日和手帖的全部商品会在日和手帖微店、知日 Store 同步发售。请关注日和手帖微信公众号（hiyori_techo）和微博（@日和手帖）中发布新品上市的最新消息，与大家分享拥有长期使用价值的日常用品。

每日的面包与每日的砧板相遇

轻便、容易收纳的黑胡桃木砧板

「自给自足」主题

多功能餐布

一块餐布，
更多用法，
不同生活方式。

中长款

围裙

超大口袋，
可轻松收纳手边零用工具。
白色、杏色、千岁绿三色可选。

黑胡桃木

砧板

厚度 1.2cm，
轻便、容易收纳，
附纯棉收纳布袋。

日和手帖 / 日用即道 /

探索人与物的关系 / 全球生活方式

日和
手帖

施小炜 / text

八卦谷崎润一郎

噂話で読む
谷崎潤一郎

施小炜
学者，作家，翻译家。毕业于复
旦大学外文系、早稻田大学大
学院。现任上海杉达学院教授。

噂話で読む日本文学史

八卦日本文学史

原本是神童

谷崎润一郎（1886～1965年）起小便享有神童之誉。倘仿效王安石言及神童时的所述，则不妨说成是：润一郎之通悟，受之天也。其受之天也，贤于材人远矣。无须在此列举他学业优秀、免修跳级的佳话，似宜看取他更为文艺的美谈。与王荆公慨叹不已的那位神童方仲永一样，润一郎的天才最初也曾表现在诗作上，而且是用外文（汉文）写作"汉诗"——日本人如此称呼传自中国的旧体格律诗——甫升入初一，便在校方主办的《学友会》杂志上发表七绝一首，题作"牧童"：

牧笛声中春日斜，青山一半入红霞。
行人借问归何处，笑指梅花溪上家。

如何？雍容有度，中规中矩，首句入韵，叶下平声六麻，恪守平仄规矩，格律上无懈可击。读者诸贤中大约会有明眼人免不得要臧否说此作全套杜牧《清明》"借问酒家何处有，牧童遥指杏花村"之句式，然则岂不闻"李白'凤凰台'之作全套'黄鹤楼'，只要套得妙"吗？至于此作套得到底妙不妙，固然是仁者见仁，智者见智，但虽非母语，作者却显然已熟练掌握了"汉诗"固有的语言、法度，更何况能另造新境，别出异彩。而是岁润一郎年方一十有六。读者诸贤不妨扪心自问：自己一十六岁时，可曾用英文写出过十四行诗，抑或用日文写出过和歌、俳句，

且水平足可与润一郎的汉诗相媲美，哪怕是套、是仿呢？如若不曾有过此等壮举，则就只好承认谷崎润一郎之才的确高于我辈，无愧神童之誉了。

润一郎另作有《残菊》一首，也是七言绝句，严奉格律，且辞藻、意境，亦俱不俗。诗曰：

十月江南霜露稠，书窗呼梦雁声流。
西风此夜无情甚，吹破东篱一半秋。

其实润一郎的文才早早地就"小荷已露尖尖角"了。还在读高小二年级（相当于现今的小五）时，他便领着一众学友创刊了"笔记 回览杂志"《学生俱乐部》，坚持编发了十数期，在其上发表小说《五月雨》等习作多篇——这回是用日文写的。彼时他才一十三岁。不同于仲永的二十岁当岁便已江郎才尽、"泯然众人矣"，润一郎的文才文思始终如飞泉喷薄，常盛不竭，"直至最晚年，其作品依旧长春不老"（野口武彦语）。再加上后天的勤奋刻苦、笔耕不辍，天时地利人和多方要素并辔联手，终于将他打造成了一代文豪。堪称近代日本目力最为锐敏的批评家之一的正宗白鸟（1879～1962年）称颂他是"几个世纪才出一人、才华盖世的大师巨匠"，甚至不吝向润一郎的名篇《春琴抄》（1933年）奉上至高无上的赞辞："虽圣人再世，亦不能置一词也。"

"恶魔主义者"

说起谷崎润一郎，"恶魔主义"一词自然是个挥之不去、绕行不得的 keyword，这可以说是日本近代文学史的一则常识。所谓"恶魔主义"，原本源自西欧，英文作 Diabolism 或 Satanism，法文则作 Satanisme，原意说的是撒旦（恶魔）崇拜，被用来借指 19 世纪末出现的以波德莱尔（Charles Pierre Baudelaire, 1821 ～ 1867 年）、王尔德（Oscar Wilde, 1854 ～ 1900 年）为代表的一派文艺思潮，只因为他们在反道德的颓废主义（deca-dentism）和唯美主义（aestheticism）盛行的时代背景之下，倾向于关注人生的阴暗面，主张并实践在常识上被认作丑恶、怪诞、恐怖、异常，即在所谓"恶魔性的"事物之中探索、发现、描摹、展现美与感动，可以说是将唯美践行至极致、进行到了底。而在日本近代文学史的文脉里，此词则差不多专指早期作品群中表现出浓烈相似风格的谷崎润一郎。

谷崎润一郎的"恶魔主义"不妨说集中体现在"受虐倾向"（马佐赫主义，masochism）上。对此，他自己似乎有着清醒的认识，打一开始就是刻意为之——假如百分之百听信他的自家证言的话。1914 年，润一郎在当时最具权威性的著名杂志之一——放在今日的中国学术界，其地位无疑相当于"核心 + 权威 +A 类刊物"——《中央公论》上发表过一篇自传性的回忆录《饶太郎》，借助主人公饶太郎之口告白说，他读东京大学一年级时，曾经翻阅过克拉夫特·埃宾男爵（Richard Freiherr von Krafft-Ebing, 1840 ～ 1902 年）的著作。众所周知，此公乃是奥地利著名的精神病理学家，是那部名倾一时、影响了后世

一代又一代人的《性精神病态》（Psychopathia Sexualis, 一译《性心理疾病》，1886 年）的著者，也是 masochism 一词的始作俑者，因同代作家马佐赫伯爵（Leopold Ritter von SacherMasoch, 1836 ～ 1895 年）在其半自传体中篇小说《穿裘皮外套的维纳斯》（Venus im Pelz, 1871 年）中讲述了自己如何盼望被美丽的女性鞭打，一心渴求做她的奴隶，遂借用伯爵之名创造出了这个日后影响无以估量、放之四海而皆准的新词，用以指代受虐狂。如此说来，远隔千山万水的我们中国，似乎也不乏马佐赫伯爵式的男性，不惮站在公众舞台上纵声放歌内心所愿，祈求那位"粉红的笑脸好像红太阳，美丽动人的眼睛好像晚上明媚的月亮"的美人，"拿着细细的皮鞭，不断轻轻打在我身上"。读了此书，原以为自己孑然独立、孤立无援的饶太郎——不知道名曲《在那遥远的地方》的作者王洛宾先生有无读过，诵读过，只怕也会像饶太郎一样——惊喜地发现了无数的知音："同样感受到他迄今暗埋心底、深藏不露的秘密欢乐的人，这世上无处不有、成千上万！"而饶太郎"暗埋心底、深藏不露的秘密欢乐"非它，就是"不独嗜爱被异性所轻蔑，而且还甘受冷酷残忍的对待，希求毋宁是激烈的肉体苦痛"。

润一郎在其成名作《刺青》（1910 年）中描写主人公、刺青师清吉，喜欢听见男人们在他的文身针下发出痛苦的剧烈呻吟，且那呻吟声越是剧烈，他便越能感受到难以言喻的快乐（这当是 sadism），同时清吉迷恋少女的美足（这则是 foot fetish-ism），一心要用自家的文身绝技将她锻铸成美丽的强者，并迫不及待地"舍身饲虎"，把自己进献给她，作为女王登基后的第一份饵食（这无疑又是货真价实的 masochism 了）。

此外还有将美少女的鼻涕、痰液和唾沫视若琼浆玉液、甘之如饴的少年（《少年》，1910 年），满心渴望遭受女人侮慢愚弄、从中获取无限快感的帮闲（《帮闲》，1911 年）……学者、文艺评论家野口武彦（1937 ～ ）犀利地指出，在润一郎塑造出的这些人物身上，体现着"异常感觉与审美意识的某种高分子般的结合"（《谷崎润一郎论》，1973 年）。而笔者更愿意模仿"黑色幽默"一词，呼之为谷崎润一郎独享的"黑色美学"，不妨说这"黑色美学"贯穿了润一郎的整个创作生涯。

跪拜石榴裙

提到谷崎润一郎，还有一个几乎无人不知的 keyword 是"女性拜跪"。此词系指其笔下的男主人公每每被塑造成将女性奉若女王，跪拜在其石榴裙下摇尾乞怜，低下去低下去"一直低到尘埃里去"的奴像，不容分辩地带有强烈的讪诮与贬抑，尤其是在那个男尊女卑意识尚是普世价值观而高踞主流意识形态的宝座，女子甚至被法律性地剥夺了选举权更遑论被选举权的时代——然则惟其如此，我们似乎不妨从中读出某种革命性的意义来亦未可知呢。不过三岛由纪夫（1925 ～ 1970 年）——此公是笔者避之唯恐不及的三位日本作家之一，然则平心而论，此公倒也不乏灼见，不可因人废言——说的似乎也颇为在理：谷崎润一郎无条件膜拜的，并非女性而是"女体"，是女人的恣肆任性；而连反理性的种种要素也一并崇拜，这种态度实际上微妙地与鄙视、轻慢一脉相连。因此谷崎文学不妨说与妇女解放思想相去甚远（润一郎倒是自称"吾乃 feminist"，见《雪后庵夜话》，1963 年）；谷崎润一郎本人固然并不否定妇女解放，然而他的关心所在，却仅仅是妇女解放的成果，即发达秀腴并呈现出生气勃勃的美的"女体"而已。（《谷崎润一郎》，1966 年）

假如说上面这些议论皆是针对文学层面而发，讨论的是透过对其创作、文本的解读折射出来的谷崎形象，那么实际生活之中真实的润一郎又是何等的人物呢？

且来看一封润一郎于 1932 年 10 月 7 日写给根津松子（1903 ～ 1991 年）的信。松子后来成了润一郎第三任也是最后一任相伴偕老的妻子，但当时她已是罗敷有夫，良人根津清太郎是个富商，在商都大阪也是名列前十的大布庄老板。润一郎于 7 年前在文友芥川龙之介来阪之际与她相识，一见钟情，暗恋有年，但此时也是使君有妇，与第二任妻子古川丁未子（1909 ～ 1969 年）刚结婚一年又二月有余（一说润一郎之所以娶她为妻，就是因为她容貌酷似松子）。信中写道：

尊敬的主人：

小人斗胆虔心恳求主人，乞请主人垂怜，回心转意。昨夜返家之后，仍觉心内不安，便立在主人玉照之前，鞠躬合掌，"一生悬命"地祷求主人息怒停嗔。睡下之后，主人瞋目怒视的玉容依然一直闪烁在眼前，令小人心悸不已。昨夜小人当真哭了。便是像小人这样不足挂齿的存在，也敬请主人轸恤，垂赐恻隐慈悲之心，惠与宽恕。（中略）日前，主人命令小人哭，小人却没哭，这全都怪小人不好。小人业已幡然醒悟，东京人在这种地方太过固执，实不可取。下次倘若主人再命令小人哭，小人一定哭。此外若还有能够让主人开心的，不管是什么事情小人都甘愿去做。主人从前可是有十几个使唤丫头环绕身边的呢，从今以后小人要把贴身丫环、茶仆、管家的活计统统一个人担当起来，绝不让主人感到乏味，要让主人过上与从前一样的生活。只要主人能够出气泄愤，无论何种任性妄行的事儿都尽管吩咐好了，不管什么刁钻古怪的难题都尽管出好了，小人一定竭诚效劳，一定让主人满意。(中略)敬请主人就拿小人当您的随侍侏儒，只管随意使唤。主人心中不爽时，只管随意折辱。小人只担心主人会说："没你的事了，你走人吧。"(后略。重点为引者所加。)

这封信对松子使用最高级别的敬语，对自己则全面使用谦辞。润一郎曾经总结自己与永井荷风在对待女性态度上的不同之处，如此自白道："我在恋爱上是拜物教徒，是 fanatic（狂热）的，radical（极端）且死心眼。"(《雪后庵夜话》)此话并非虚言，而是夫子自道，是工笔自画像。

不孝不悌人

谷崎精二（1890～1971 年）也是一位小说家，同时还作为教授长年执教于私立名校早稻田大学的文学部。他在日本文学史上留下的最亮一笔，大约要算就读早稻田期间与葛西善藏（1887～1928 年）、广津和郎（1891～1968 年）等人创办同人杂志《奇迹》，在日本"私小说"进化史上扮演了一回推手。精二还有一重身份：他是润一郎的亲弟弟。

这位弟弟在乃兄去世之后，写过一篇《润一郎追忆记》（1965 年 10 月），从家人的角度回忆了润一郎私生活的诸多细节，尽管"只字未提哥哥的作品"，"好像写的尽是哥哥的失策、缺点"，却是了解掩藏在公众人物面具之下、作为"私人"的润一郎的重要一手资料。

就在润一郎考进了东京帝大，正为文学理想苦苦挣扎，心无旁骛时，小其四岁的精二却成了家里的顶梁柱，白天念书，夜间去东京中央电话局的自备发电站里做"夜勤员"，挣钱养家，考进了早稻田大学之后依旧如此。润一郎因为精神苦闷离家出走，四处流浪，音信不通，令父母百般担忧。母亲甚至害怕儿子已经不在人世，每天早晨读报时，但凡见到有横死者的报道，便忐忑不安，疑心会否是自己的儿子。多年之后，润一郎在给精二的信中提及往事，表示了忏悔："我年轻时种种不孝，于今想来，惭愧汗颜。"

荣登文坛、名驰天下之后，一日，久无音讯的润一郎突然回到家里，告诉父亲自己染上了花柳病，需要现金 30 日元购买针剂治病，知道家中无钱，便要求父亲去向家境富裕的伯父久兵卫借贷。正是这位继承了家业、经营谷物店的伯父曾经为润一郎支付学费，资助他读完著名的"一高"（第一高等学校），润一郎才得以顺利升入东京帝大。因为健康攸关、性命攸关，父亲也百般无奈，只得厚着脸皮将他领到伯父家里借钱。当天晚上，伯父的一位熟客却在当时文士们常常光顾的著名酒馆"鸿巢"里，看见润一郎喝得酩酊大醉。原来治病云云纯系虚言，不过是骗钱买醉的借口而已。父亲得知真相，唯有苦笑："这小子，真没治了。"

润一郎有个妹妹移民去了巴西，在异国患病危笃，妹夫发来急电请家里汇款救命，精二慌忙向定期写稿的某杂志社预支了 100 日元稿费汇去救急，而润一郎却致信精二，说自己身无分文，无钱可寄。精二接信大怒，飞檄痛斥，润一郎这才寄来 50 日元，要精二汇往巴西。当时的国际汇费就需 20 日元，结果这手续费还是精二付的。

润一郎的名篇中，有个中篇小说叫作《恋母记》(母を恋ふる记，1919 年)，表达了对母亲的无限热爱与思念。然而据精二回忆，母亲成天对精二抱怨说"润一靠不住"，还屡屡告诉亲戚们"将来要靠精二"。精二还说，尽管母亲从未当面对润一郎说过此话，但润一郎或许隐约知晓母亲对他的疏远。

润一郎可谓天生的多情种，到处播种爱情，但只与第一任夫人石川千代子 (1896～1982 年) 生有一个女儿鲇子，而这位女儿一直由母亲养大，甚至对父亲的友人、后来的继父佐藤春夫 (1892～1964 年) 远比生父更为亲昵。润一郎可以说基本未尽到为人之父的责任。

提到佐藤春夫，其与润一郎、千代子之间的三角关系，也是日本近代文学史上一桩著名的公案，每每为八卦爱好者津津乐道。润一郎于 1915 年 5 月年近 30 岁时与千代子结婚，翌年 3 月鲇子诞生。1917 年 5 月母亲去世后，润一郎声称要集中精力搞创作——精二认为是"别有缘由"——将妻子千代子与女儿鲇子托付给父亲，独自住进了神奈川县湘南海岸鹄沼一家叫作"东屋"的旅馆。他允诺每月汇款 30 日元作为妻女和女佣的伙食费，但实际上只汇过一次，第二个月开始就一分钱也不曾再寄来了。

未几因为润一郎移情别恋，佐藤春夫来访时每见千代子独守空房，同情于她，一来二往间萌生了恋情。润一郎对此心知肚明，不但默认，还允诺与千代子离婚，将妻子过让与春夫，事后却又毁约，久不践诺，令春夫痛苦不堪，写下了许多诗篇宣泄苦闷，聚成一集出版后居然还风靡一时、洛阳纸贵，这就是那本名驰遐迩的《殉情诗集》(1921 年)。直拖到 10 余年后的 1930 年 8 月，润一郎才正式与千代子离婚，并以谷崎润一郎、千代子、佐藤春夫三人具名的形式，给众友人发出明信片，宣布"千代子与润一郎离别，与春夫结婚。女儿鲇子与母亲同居"。这就是轰动一时、耸人听闻的"谷崎让妻事件"。这样惊世骇俗的举动，甭说那个时代了，便是在八九十年后的今天，只怕也不太多见。三位当事者超前的先驱性与勇气，委实大有令人啧啧称奇之处。

八卦至此，笔者陡然意识到自己陷入了与谷崎精二相同的尴尬境地：好像写的尽是润一郎的失策与缺点。然而，这无疑也是"真真老王麻子"，是真正的谷崎润一郎。对于家人、亲属来说，谷崎润一郎可能绝对算不上好儿子、好丈夫、好父亲、好兄长，但是对于广大读者受众来说，他无疑是一个优秀、伟大的好小说家。时过境迁，当亲近者们一一离世，只留下活在作品之中的谷崎润一郎时，前者的感受、恩怨已经悄然丧失了意义，唯有一代又一代的读者的感受与理解，却如同滔滔不绝的江水，后浪推前浪，永续不断，跨越时空，再塑着谷崎润一郎这尊铜像，浇灌着谷崎润一郎这棵巨树，令小说家谷崎润一郎老树常青，春华永驻。

吴东龙 / text & photo

歴史の空間で作られた駅のホテル

用历史时空堆砌成的车站旅馆

ホテルデザインの旅に出よう！
—— 吴东龙的酒店设计之旅 ——

1914 年，留学英国学习西洋建筑的日本建筑师辰野金吾，设计了足以成为日本玄关的东京车站，此地更是许多外宾前来皇居时的必经之地。东京车站的建筑风格是哥特式的对称，外观的红砖与花岗岩堆砌出磅礴气势又不失细腻，将安妮女王（Queen Anne）风格中强调屋顶的变化、门窗装饰细节的『辰野式』建筑风格展露无遗。

a.

这栋百年建筑，曾经历过 1923 年的关东地震，在 " 二战 " 期间，因炮火攻击丧失了漂亮的圆形拱顶。除命运多舛外，在决定修复的六年半期间，还受到 3·11 东日本大地震的波及。2012 年完成修复后，左右长达 335 米、红砖墙与灰白线条饰边的车站建筑，与两侧美丽褐色弧线勾勒出湛蓝色拱形屋顶，走进其中，仰望鹅黄壁面与穹顶精美的动物浮雕细节，感受光线透射进来的空气质地，耳边似乎还能听到隆隆车声，仿佛穿越剧般回到百年前的大正时期。

在车站的四层空间内，有近半的空间是让旅人停泊的旅馆。早在车站启用的第二年（1915 年）便以 " 东京 STATION HOTEL " 为名开业，百年间几番修整、休业、经营易主再开，终于在 2012 年以 "THE TOKYO STATION HOTEL" 为名再启，并将以持续使用的方式来延续对古迹的保存热度，更让历史迷、铁道迷、建筑迷和旅馆迷们可以更近距离地贴近东京车站。它不但是极度便利的婚宴举办所，也为入住者提供了与众不同的宿泊经验与窗外景观。即使不入住其中，车站南翼的二楼有间在京都

b.

c.

开业超过半世纪的点心铺"虎屋",在复原后的东京车站里喝茶、吃点心,都让人的五感体验丰富。东京车站在此不只是可以作为传承历史或记录岁月的文化空间,还提供了满足人们食住行乐等需求的与时俱进的实用生活机能。

占据车站站体三层楼的空间里,共有 150 个房间、6 种房型,从南栋到北栋约有 300 多米,尚未进入房间之前,空间的色彩是简单优雅的淡褐色与米白色,缀以金色与铜黄色,让百年旅馆的经典质感油然而生。通往房间的走廊就长达 164 米,两面墙上挂了许多关于车站的历史资料,从一些相关的绘画或照片中,可以窥看过去聚集在车站往来的"江户子"(东京人)的时尚风格。

在这个历史与空间交错的长廊尽头,有个"档案窗台",透过玻璃窗可以近距离看到八角穹顶的浮雕,包括秀吉的盔甲、

a. 日本建筑师辰野金吾在 100 多年前设计的东京车站,外观的红砖与花岗岩堆砌出磅礴气势又不失细腻,在当时拥有日本玄关的地位。

b. 走进建筑中可以望见鹅黄壁面与穹顶精美的动物浮雕细节。

c. 在车站南翼的二楼有间在京都开业超过半世纪的点心铺"虎屋"。

花卉植物和以干支排列的动物等,在窗内墙上则是一帧帧对照修复的档案照片,仿如置身于典雅又静谧的博物馆,这里的沙发、茶几与地毯的位置,似乎都被仔细精密地度量过。

铺设厚地毯的廊道上,听觉的干扰被减到最低,放眼望去的视觉又极具层次与景深,设计细节也处处充满巧思。例

d.

e.

d. 车站旅馆 THE
TOKYO STATION
HOTEL 走廊上挂着关
于车站的历史资料。
e. 这里的沙发、茶几
与地毯的位置，似乎
都被仔细精密地度
量过。
f. 旅馆中拥有充满
景深与层次的优雅
长廊。

如为了让房客在长长廊道中不至于迷失，会在整排温黄的壁灯中，留一盏红色壁灯表明电梯的出口位置。甚至在房门的设计上，更刻意凹进门墙内，通过无死角的走廊，让客人进房时避免与走道上的陌生人擦身而过或有短暂目光交接的尴尬。

所有房型中，侧栋（DOM Site）的房间是最有特色的，因为这里在白天可以隔窗宁静俯瞰一天 40 万人进出的车站的热闹气氛，即便在车站关门后，仍可看到圆形屋顶的装饰浮雕与空荡的车站大厅，犹如置身一座私人博物馆。在这个 "最东京车站" 的饭店房间内，想象这里过去也是知名文学家松本清张、川端康成停泊并启发他们小说故事舞台与场景的地方。

无论哪一种房型，隔着双层窗户的房间，每间都能享受只有老饭店才有的近 4 米的奢侈挑高空间。与建筑外观的厚重

f.

g.

g. 侧栋（DOM Site）
的房间即便在车站关
门后，仍可看到车站
大厅，犹如置身一座
私人博物馆。
h. 房门的设计刻意
凹进门墙内，让客人
进房时避免与陌生人
擦身而过或有短暂目
光交接的尴尬。

h.

i.

i. 与建筑外观的厚重迥异，房内散发着温暖的色调与优雅的欧洲风格。

j. 在这超过半世纪的重要文化财产内，一桌一椅一门一窗都经过精心设计。

k. 床头柜上印有稿纸格纹的便条组。

j.

k.

l.

迥异，房内散发着温暖的色调与优雅的欧洲风格，从典雅的花卉图案窗帘到几何的壁纸、地毯，经典的大地色系是 Richmond International 的设计巧思。当泡在深度及肩的浴室浴缸内，扭转操作着厚实的龙头金具时，房间沉静又解忧地让人忘了是置身在最喧嚣的车站旅馆，甚至放声高歌也无须担心扰邻。而在这超过半世纪的重要文化财产内，一桌一椅一门一窗都经过精心设计，例如衣柜里具有缓冲设计的柜门撑杆、门外放报纸的报架，床头柜上印有稿纸格纹的便条组，甚至办公桌上摆放的文化杂志刊物都是工作人员悉心挑选的。同时，这些东西也被细心呵护，因为旅馆内的修复人员每天需巡逻 10 间客房，做地板、建筑物、布料、涂装、家具、皮革修复等木头修护保养工作，一个月内要检阅完所有的房间，为这些尊贵的文化资产尽其保存之力。

　　而在 THE TOKYO STATION HOTEL 里使人印象最深刻的部分，就属 4 楼 Lounge 的 "ATRIUM"。这是一处房客限定的早餐空

n.

间，面积约有 400 平方米，位置就在车站中央斜面屋顶的正下方，最高的天井高度达到 9 米，阳光从一整面屋顶斜窗洒落进来时，将天花的浮雕饰板、家具和人们都映照得立体起来。在这个偌大的空间里，与充斥着历史与文化的质地一起呼吸，在均匀的光线洗礼下呈现出一种极为舒适爽朗却又无法透过镜头记录的独特氛围。

　　除了这个房客的特权外，我们还可以自在地穿梭于车站与旅馆之间，反复端详，玩到过瘾，直到中午才不舍地离开旅馆，从车站的外观再特别留意砖墙的工法、铜制的排水管、线板与拟花岗岩的磨石子腰带、上开的窗户结构与圆窗的装饰，还有被战火波及刻意保留抱火遗迹的砖墙，百年建筑的一砖一物都是故事，最后从东京车站搭车离去时，又发现了旅馆搭建出一条不淋雨的步道，再度展现出细致的款待哲学。

m.

o.

l. 被细心放置的报纸。
m. 旅馆 4 层 Lounge 的 "ATRIUM"，面积约有 400 平方米，最高的天井高度达到 9 米，只为房客提供早餐。
n. 阳光从一整面屋顶斜窗洒落进来，将天花的浮雕饰板、家具和人们都映照得立体起来。
o. 离开旅馆前，再度从外部反复端详其细致的款待哲学。

153

东京生活记事
—施小炜×施依依—

施小炜与在东京居住的女儿施依依的中日对照专栏，将向大家介绍东京最新的潮流、生活方式，以及日文表达。

施小炜
学者，作家，翻译家。毕业于复旦大学外文系，早稻田大学大学院。现任上海杉达学院教授。

施依依
生于上海，毕业于早稻田大学第一文学部，曾赴加拿大多伦多大学留学，现居东京。

第四回

他人の多様性を認めることで、何より自分自身が、自由になれる

认可他人的多样性，可让自己获得自由

施依依、施小炜 / text & photo

日本从4月末至5月初，是被称为"黄金周"的大型连休假，假期刚结束不久，新绿的季节让人心情惬意，不知不觉便已经回到了日常的忙碌之中。

黄金周的末尾5月7日那天，我和一位创业者好友一起参加了"Tokyo Rainbow Pride"活动，同样是因为工作认识的另一位创业者朋友是这一活动的主要组织者。

Tokyo Rainbow Pride是LGBT＊等性少数派发起的一个打破歧视和偏见，实现"活出自己、面向未来社会"这一目标的系列活动的总称＊＊。从2000年起，虽然好像一度有过中断，却是一项参加人数和影响不断扩大的活动。

世界上开始要求维护LGBT权利的这类活动，远比日本早了许多。多数人或许已经有一些概念，但对于LGBT，欧美比日本有着更为宽容、开放的文化。另一方面，在日本，调查结果显示约5%～8%的人口为

日本では4月末から5月頭にかけては、ゴールデンウィークという大型連休だ。今はそれも終わってしばらく経った頃。新緑の季節が気持ち良い中、まるで連休などなかったように、慌ただしい日常も戻ってきている。

ゴールデンウィークの終盤の5月7日の土曜日に私は仲の良い起業家の方と、「東京レインボープライド」に行ってきた。同じように、仕事をきっかけに知り合った仲の良い別の起業家の方が、このイベントを運営する中心メンバーとなっていたのだ。

「東京レインボープライド」とは、LGBTをはじめとするセクシュアル・マイノリティ（性的少数者）が、差別や偏見にさらされることなく、より自分らしく、前向きに生きていくことができる社会の実現を目指すイベントの総称。2000年から始まり、中断した時期もあったようだが、毎年参加者数やインパクトを大きくしているイベントだ。

世界では、日本よりさらに昔から、LGBTの権利を求めて、このようなイベントが開かれてきた。多くの人もイメージとして持っているかもしれないが、欧米は日本より、LGBTに対して寛容で開かれたカルチャーを持っている。
一方日本では、人口5～8%前後がLGBT当事者という調査結果が出てい

＊L：レズビアン lesbian（女同性恋者，女性同性愛者）；
G：gay ゲイ（同性恋者，男性同性愛者）；
B：バイセクシュアル bisexual（双性恋者，両性愛者）；T：
Transgender トランスジェンダー（跨性別者、性转换者）。
＊＊出自Tokyo Rainbow Pride官网（http://tokyorainbow-pride.com/about）

LGBT, 尽管这数字绝对不算少, 但是要让他们的存在可视化, 充分理解他们所面对的问题却相当困难。

不过这几年出现了被称为 LGBT 的潮流, 对 LGBT 的相关认知也一下子提高了。三省堂出版的 2015 年排名前 10 的新词中, 第 3 位就是 "LGBT"。根据电通 " 多样性研究所 " ＊的调查, LGBT 族群的商品、服务市场规模约 5.94 兆日元, 拥有巨大的商业前景＊＊。2015 年涉谷区和世田谷区, 发布了认可同性情侣作为配偶的《同性配偶条例》。身为 LGBT 的艺人、以 LGBT 为主题的电视连续剧等也变得多了起来。

我平时从事的工作是帮助那些通过创业来解决社会问题的创业者们, 在工作中确实感受到 LGBT 领域的活动日渐活跃。从 2013 年开始, 每年都有展开与 LGBT 相关活动的团队, 参与我们的项目。以 " 国界 " 为开端, 一直将如何把握社会中的 " 边界 " 当作研究课题的我, 对性少数派也有所关心, 因此积极地担当了这些团队的工作。

因为有这一背景, 2013 年我第一次参加了在代代木公园举办的 Tokyo Rainbow Pride 活动。除了我负责的创业者团队外, 还有其他与 LGBT 相关的性少数当事人团体开展常识扫盲等活动, 还设有展示区。尽管是在开放式公园举办活动, 但驻足参观的人却稀稀拉拉。当然也有时间段的问题, 不过从始至终没有热闹非凡的印象。当时我感到对于社会企业家等圈内人士而言, LGBT 虽然渐渐成为热门话题, 但是要得到社会的普遍认知还为时尚早。

那以后过去了 3 年, 今年的 Tokyo Rainbow Pride 热闹非凡, 展台数就不用说了, 普通参加者也非常多。展台非常拥挤, 甚至要在餐饮区确保个座位也很困难。企业的赞助和驻日大使馆的展区也增加了, 充满了欢乐开放的氛围。听参与组织活动的朋友说, 今年的参加人数为历年之最。与 3 年前的规模完全不同, 我切身感受到了社会对于 LGBT 的认识已经发生了巨大的变化。

る。それは決して少なくない数だと思うが、その存在はあまり可視化されたり、彼らが抱える課題が十分に理解されることはなかなか難しかった。

しかしここ数年、LGBT ブームとも呼ばれる現象が起き、LGBT に関する認知が一気に高まっている。三省堂による 2015 年の新語ベスト 10 では、第 3 位に「LGBT」がランクインした。電通ダイバーシティ・ラボの調査によると、LGBT 層の商品・サービス市場規模は約 5.94 兆円と、大きなビジネスポテンシャルを持っている 。2015 年には渋谷区と世田谷区で、同性カップルがパートナーとして公認される「同性パートナーシップ条例」が成立された。LGBT 当事者であるタレントや、LGBT をテーマに扱ったテレビドラマなども増えてきている。

私は普段、社会課題の解決に、事業を通じて挑戦する起業家の方の応援する仕事をしているのだが、その中でも、LGBT 領域の活動が活発になってきている実感がある。2013 年から毎年、LGBT に関わる活動をするチームがプログラムに参加している。「国境」を皮切りに、社会にある「ボーダー」の捉え方をずっとテーマにしてきた私は、セクシャルマイノリティについても関心があった。そこで、積極的にそれらのチームを担当させていただいてきた。

そういう背景もあり、2013 年、代々木公園で開催された東京レインボープライドに、初めて行った。担当している起業家チームをはじめ、他にも LGBT に関する当事者団体や、啓発や様々な活動を行っている団体が、ブースを出していた。開かれた公園で開催しているといえど、立ち寄る参加者はまばら。もちろん、時間帯もあったと思うが、ものすごく賑わっている、という印象はあまり受けなかった。社会起業家など、界隈にいる人達にとっては、LGBT はホットトピックになってきているが、一般的な認知はまだまだなのかな、と感じたことを覚えている。

あれから 3 年経った今年。東京レインボープライドは、ものすごい賑わいであった。ブースの数はもちろん、一般参加者もすごい数！ブースはとても混雑していたし、飲食コーナーもスペースを確保するのが困難なほど。企業スポンサーや在日外国大使館のブースも増えていて、楽しくオープンな雰囲気で満たされていた。運営に関わっていた友人によると、今年の参加人数は過去最大。3 年前とは全然違う規模感、それだけ LGBT に対する捉え方が変わってきているのだな、と私自身肌で感じた。

印象的だったことの一つに、企業スポンサーのブースでのコンテンツが、写真を使ったものが多いことが挙げられる。私が参加したものでも、少なくとも 3 つはあった。その場で、自由にメッセージを書いたりして写真を取り、イ

＊ 日本最大的广告代理公司株式会社电通的多样性课题对应专门组织
http://www.dentsu.co.jp/ddl/

＊＊ 出自电通多样性研究所《LGBT 调查 2015》
http://www.dentsu.co.jp/news/release/2015/0423-004032.html)

值得一提的是企业赞助商展区的内容，许多都采用了照片。仅仅是我所参与的展区中，至少有 3 家都是如此。可以当场自由地留言、拍照，公布在网上及各公司公开网页上的内容也可以自由下载，朋友相约参加的情况较为多见，这些内容能让他们愉快地享用。而且最近 Facebook、Instagram 等上传照片的 SNS 很多，经常被年轻人与活动家等领域的人所活用。对于企业而言，在此拍摄的照片能被上传，也可达到提高一般认知度的目的吧。

这样的内容在 3 年前是没有的，上传到网上意味着将自己的形象公之于众，当然这是得到参加者允许的，不过参加 Tokyo Rainbow Pride 的活动，就等于公开表明 "对 LGBT 有所理解"。不过在那个空间，不妨说是无法辨明谁是真正的 LGBT、谁是异性恋者的。同性朋友之间，在旁人看来也有可能被认为是同性恋者。

照片被公开就意味着也有可能被如此看待。尽管只是接触了一点 LGBT 的相关活动，但对于自己置身于那一状态这件事，我不知何故感到非常新鲜。我是一个异性恋者，对于有可能被认为是同性恋者这样的问题，我没有想象过。在认识到自己想象力贫乏的同时，也觉得 "即便是异性恋者的自己被认为是同性恋者，也无所谓呀"。一旦深处这一空间之中，不知为什么就会觉得这种事情微不足道。

走在被彩虹装饰得五彩缤纷的代代木公园里，参与组织的朋友说："大家通过认可、声援 LGBT，不是也可以确认自己的自由吗？所谓性，是人类的根本部分，承认其多样性，自己也能获得自由，也许大家是无意识地，但却可能直觉地认识到了这一点。或许是大家希望一起获得自由吧。"我认为这话可能非常尖锐地道出了事实。主张 "多样性" 宝贵的呼声由来已久，但多样性的本质也许就是个人的自由与相互尊重。自己的想法、生活方式、生存状态，不妨珍惜，不妨坚持己见，生活下去。不妨 "开放" 它们，表达自己，这样的选项，确切无疑地令存在感得以放大。而今已经到了我们可以对此进行选择的时代，尽管肉眼无法看到，但却可以说是一个极大的变化。今后，它又将锻造出怎样的世界呢？

ンターネット上や、各企業の公式 SNS アカウント上にアップされたものを自由にダウンロードできる。友達同士で行くことが多いので、こういうコンテンツは楽しんでもらえる。しかも最近は、Facebook や Instagram など、写真をアップする SNS が多く、若者やアクティブな層にはよく活用される。企業としては、ここで撮った写真をアップしてもらうことで、一般への認知度を高めるという狙いもあるのだろう。

このようなコンテンツは 3 年前にはなかった。インターネット上にアップされるということは、自分たちの顔が公にされるということ。もちろん参加者たちの許可を得た上でだが、レインボープライドに参加しているということは、「LGBT に対して理解がある」ということを公に示すということ。しかもこの空間は、もはや誰が LGBT 当事者で、誰がストレートなのか、というのがわからない。同性の友達同士でも、傍から見れば、同性カップルと思われるかもしれない。

写真が公にされるということは、そのように思われる可能性もある、ということだ。LGBT に関する活動に少し触れてきたとは言え、私はそのような状況に自分がいるということが、なんだかとても新鮮だった。私はストレート（異性愛者）だが、レズビアンと思われることもあるかもしれない、ということを、あまり想像したことがなかったのだ。自分の想像力の小ささを思い知ると同時に、「自分がストレートだとしても、レズビアンだと思われても、別にいいや」と思った。この空間にいると、それは何だか些細なことに思えたのだ。

虹色で彩られた代々木公園を歩きながら、運営に携わっていた友人は、「みんな、LGBT を認める、応援している、と言うことで、自分の自由をも確かめられるんじゃないか。性というのは人間の根源の部分だから、その多様性を認めたら、自分も自由になれる、と無意識に、でも直感的に思っているのかもしれない。みんな一緒に、自由になりたいんじゃないか」と言った。それはとても鋭くて、真実を突いているかもしれない、と私は思う。「多様性」の大切さが叫ばれて久しいが、多様性の本質は、個人として自由でいることと、互いに尊重し合うこと、かもしれない。自分の考え、自分の生き方・あり方を、大切にしていいし、そのまんまで生きていい。それを「開放」して、表現して生きていいんだ、という選択肢が、確実に存在感を大きくしてきている。そして私達がそれを選べる時代になってきているということは、目に見えなくとも、とても大きな変化だと言えるだろう。それはこれから、どのように世界を形作っていくのだろうか。

先生！教えて！
—— 告诉我吧！日语老师 ——

きょうは「fit」したの？

今日你『fit』了吗？

刘聪惊 / text

前两年街面上流行一句口号，叫作『请人吃饭，不如请人流汗』。上网搜了一下这个『流汗』的确切意思，虽然也有极少数人硬要回答说是サウナ——蒸桑拿，不过正直的大多数人还是准确地指出：这说的是运动流汗。话说回来，其实国人热爱美食的本能依然是没有变的，网上各路美食攻略还是层出不穷，但是无如今的生活水平已经大大提高，在大快朵颐享受美食之余，更多的精英白领把目光投向了自我身体管理。要健康，要健美。曾经有个朋友这样描述自己投身健身锻炼的心路历程：我就是为了多吃一口自己想吃的——高血脂、脂肪肝可把他害苦了，想吃而又吃不得，只好拼命锻炼消耗热量减脂，到各项指标都正常，这才小心翼翼地满足一下自己的馋嘴。

无论如何，放眼世界，发达国家的人们早已在全民健身的路上遥遥领先了，并且眼下流行的锻炼健身不只是为了健康，甚至已经不单纯是为了减肥，更是为了追求健美性感的体魄：男性需要锻炼强壮的肌肉，女性则需要拉伸柔美的曲线……器械、瑜伽、骑行、慢跑……フィットネス（健身）在我们的生活里慢慢占据了一席之地。随

之而来的就是各种关联产品的热销：跑鞋、运动装、健身食品等，人们的业余生活变得越来越健康丰富了。

这一次，我们就要谈到时下大热的有关健身锻炼的话题，首先提到的当然就是エアロビック（aerobic）——有氧运动。

据说国际卫生组织提出过一个健康锻炼的标准，就是每天坚持半个小时的有氧运动。外来语写作エアロビック，解释为『有酸素运动』。为什么要进行有氧运动呢，科学证明这是减肥以及提高心肺功能的好办法。因为运动过程中摄入的氧能满足人体消耗需要，使运动可以较为持久地进行。例如著名作家村上春树热爱ジョギング（跑步），以及游泳、自行车、爬山等运动，在有氧运动过程中身体会大量排汗，起到清除身体中积累的废物和毒素的作用。另外，有氧运动也是减体脂的好方法。

很多大中城市的大街小巷、公园绿地都活跃着不少跑步爱好者，手机的APP这时也派上了大用场，可以把跑步的距离和路线记下来，方便晒到朋友圈。如果配合电子手环（スマートブレスレット），还能记录心率等数据，以便随时掌握健康情况。更何况通过软件还能结识附近的『ランとも』顾名思义就是『跑友』，大家可以互相交流跑步心得，传授跑步技巧，偶尔还可以炫耀一下这一天的APP数据，真是其乐融融。

相比之下，其他的aerobic就有些门槛，比如游泳要求场地，对某些人来说还有气温条件；骑行爱好者们往往对装备很执着，所以说慢跑算是城市里面成本低收效高的活动之首，一年四季基本上都可以进行。即使遇上刮风下雨，也可以在室内踩踩トレッドミル（treadmill），挥汗如雨。唯一的遗憾是在室外跑步的话，城市里多有雾霾天气，若是在山上跑，清水秀、空气清新的地方奔跑，那真可以称得上完美。

アナエロビック運動（うんどう）
(anaerobic exercise)

※无氧运动

无氧运动和有氧运动相对，指的是那些比较激烈、需要爆发力的运动，例如短跑、跳高、举重、拔河，以及各种器材健身运动。其中特别要介绍的就是以バーベル（杠铃）和ダンベル（哑铃）为主的器材训练。来到健身房，最引人注目的就是在做深蹲起——スクット的肌肉男，有人还把深蹲起称为キング・オブ・エクササイズ（king of exercise）就是赞美这项运动能塑造臀部和腿部紧实有棱角的肌肉，呈现出阳刚的力量之美。深蹲起动作练出的肌肉主要在大腿后面，被称为ハムストリング（hamstring）。当然要练出这么成群的肌肉块是非常不容易的。和有氧运动的减脂不同，无氧运动主要针对的是增肌，为此在饮食上还需要特别注意。不少疯狂锻炼肌肉的帅哥们忍着痛苦，一天一天地吃白水煮鸡肉、白水煮鸡蛋以及白水煮的其他富含蛋白质和纤维素的食物。尽管碳水化合物是不敢吃的，然而尽管吃得这么痛苦，但是看着自己跟美国队长啊超人啊一样结实的肌肉成型，估计是打从心底涌起自豪感吧。

另外，尽管像ロードサイクル（公路自行车）手那样长距离骑行，实际上几乎不需要进行激烈的无氧运动训练，又或是在室内踩一踩

スピニングバイク（spinninghike）※

动感单车 这属于非常轻松活泼的健身活动，可以伴着富有节奏的欢快音乐进行。一堂动感单车的课上下来运动量也并没有多大。不过如果你是一位世界排名靠前的顶级运动员，就必须进行瞬间消耗大量血氧的无氧运动训练，这是为了取得好成绩。不但比赛时需要集中全部精神和力量，平日的高强度ナ工口ビッタ運動（anaerobic）※无氧运动训练也是必不可少的。

フィットネス（fitness）

※健身

现在大家熟悉的『健身』一词，多用英语的『fitness』来表示。健身中心多被冠以『fitness club』的名称。这个词来源于『fit』。fit作为形容词，本意是符合相应要求、适应某种状态，或者切合行为目的的性质或种类。从第二个义项『适应某种状态』引申出『最合适的』这一含义，也即是『健康』的意思。英文中有『keep fit-ing』的短语，含义是通过做××行为或者动作来保持健康。因此fit就有了健身的意思。

『fitness』是把形容词『fit』给名词化了。基本含义是『符合被要求呈现的状态』。在美国一般特别强调这个状态是健康方面的状态，所以被用作健身的名词形式。除此之外，在生物学上这个词还是一个专业术语，指的是『有机体在特定的生活环境中生存下去并繁衍后代的能力』。因此，无论是从生物学的角度来说，还是从健康方面的观点来看，『フィットネス』（fitness）都表示一种最和谐的状态。顺带也指维持这种状态所进行的行为或者活动。

综上所述，如今最in的活动乃是这『fit』无疑。不管是为了自己的健康或是自身的健美，每天『fit』一个小时左右是大有必要的。好友见面，也不妨打个招呼问问『今天你fit了没有？』

マシンジム（machine gym）

塑身健体哪家强？满街的健身房、健身中心，你会选哪一个？是倾向于游泳、瑜伽、普拉提？还是偏好使用各种各样的健身器材？如果你喜欢借助健身器材来锻练自己的肌肉，不妨选定一家『マシンジム』（machine gym）可以有各色各样针对性强的器械帮助你提高力量、塑造肌肉。

一说到『マシンジム』，眼前不免就会浮现出现代感十足、仿佛是出现在科幻电影中的泛着冷冷金属光泽的健身器械，没错，『マシンジム』也就是装备了各种强身健体器械的塑形中心。什么跑步机、划船器、椭圆机、动感单车，以及多功能健身器都不在话下，特别是练习上肢力量要做的平板卧推——『ベンプレ』，如果是在器械健身中心，有健身教练指导你如何利用各种器材进行练习，肯定能收到良好的效果。

筋トレ（筋力トレーニング）

※肌肉力量训练

说了这么多，其实我国内各城市的健身运动还处在刚刚起步的阶段，这也是因为大多数人进入关注自身健康的阶段还不久，多数人的运动还是以减肥为主要目的的慢跑、游泳等有氧运动占的比例较大。以塑型为主的无氧运动只有少数人坚持在做。然而经常会看到有人抱有疑问问说：自己已经决定在健身房运动了，那么应该是练有氧运动好呢，还是无氧运动好？如果两者合起来练的话，先练什么效果最佳？

专业人士一般会建议说，进入健身房后，必须来几组高强度的筋トレ才能有效塑形。前文已经提到了锻练下肢力量的スクワット※，那上肢力量怎么练呢？

首先，我们来看看人体的这几处肌肉——大胸筋※（胸部肌肉）、上腕三頭筋（Triceps brachii）※三头肌：这是构成健美先生宽肩厚胸粗胳膊的基础肌肉，常见的训练一般是做俯卧撑（腕立て伏せ）和推举杠铃（ベル・ベンチプレス）。特别是ベル・ベンチプレス是男士们酷爱的运动，不断给杠铃加码，打破100公斤重量的壁垒，然后赢得充满男性魅力的结实胸膛，想想仿佛就能燃起来。

除了深蹲起、推举杠铃这两项训练之外，筋トレ不可或缺的第三

158

項：硬拉力量训练（デッドリフト deadlift）是绝不能忽视的。毕竟背部、臀部和腿部的肌肉群全都需要这个动作来增强。硬拉一般分为直腿硬拉和屈腿硬拉两种，是锻练下背部，即竖脊肌和大腿肌肉最好的训练，也是世界举重锦标赛的项目。

上述的三组动作，基本上就构成了全身的力量练习。渴望肌肉的你，马上开始筋トレ吧！

ストレッチ（ストレッチ体操 stretch）※柔软体操

与其说ストレッチ是一种健身训练，不如说它就是柔软体操。每个动作就是尽量伸展和拉伸肌肉、韧带。这种体操本来发源于运动之前的准备活动，慢慢活动全身上下，让每一缕肌肉都活动开，伸展开，比起现在广播体操里的伸展运动ストレッチ无疑更加到位。

在做这种伸展体操时，要尽量把自己的手臂或者腿伸长，想着要延伸到尽可能远的地方。要感受自己全身的肌肉，让这种轻盈地伸展的感觉渗透到全身，保持10—30秒时间不动，再缓缓收回。

经常做ストレッチ的体操动作，你会觉得自己的韧带、肌肉越来越富于柔韧性，关节似乎也增添了柔软性，不那么容易受伤害了。因此这一套动作可以用于剧烈运动之前做的热身，另外，对于高龄长者、缺乏运动的主妇，这套体操都非常有好处，至少可以增加身体的灵活性。

所以不那么愿意把自己练得一身肌肉的女孩子们可以来试试这个，毕竟强度不大，动作也舒缓，日常生活中有点时间就可以尝试一下，也不需要器械，非常方便。

做操的时候还要记住，不能勉强自己做动作，呼吸也要调整均匀，保持平和安定的心境，那么你一定会从这套动作中得到乐趣。

ピラティス・メソッド（Pilates Method）※普拉提

一般的运动健身中心开设的课程中，总是少不了普拉提（ピラティス）这个名字。这是一个名叫约瑟夫·休伯特斯·普拉提（Joseph Hubertus Pilates）的德国人用自己的姓命名的运动训练动作。这套独特的运动被发明者称为「控制术」（Contrology）。

普拉提夫妇二人共为这套肌肉锻练术设计了超过500个动作，通过拍成照片或者录像的方式保留下来。包括垫上体操动作和一些利用器械的健身动作。普拉提希望借助这一套体操，锻练身体各部位的小肌肉，增强练习者的平衡感，增加身体的柔软性等。通过练习这些动作，也可以减轻身体的一些慢性疼痛，或是帮助受伤、患有疾病的人复健等；并可以改善纠正练习者平时的不良姿势，借此进一步起到预防作用，避免身体因为长期保持不良姿势而患上影响身体活动的疾病，还可以提高运动能力。

能有这么神奇的功效，据说是因为动作的中心点集中于身体的脊柱和骨盆，还配上普拉提独创的神奇的呼吸法，令练习普拉提动作的人在潜移默化中就调整好了自己的身体。介绍到这里，不由得怦然心动……眼见为实，耳听为虚，有机会一定去尝试一下这神奇的体操。

159

网站 亚马逊 / 当当 / 京东 / 快书包 / 中信出版社淘宝旗舰店 / 知日 Store/ 互动出版网 / 北发图书网 北京 西单图书大厦 / 王府井书店 / 中关村图书大厦 / 亚运村图书大厦 / 三联书店 / 字里行间书店 /Page One 书店 / 万圣书园 / 库布里克书店 / 时尚廊书店 / 单向街书店 /7-11 便利店 上海 上海书城福州路店 / 上海书城五角场店 / 上海书城东方店 / 上海书城长宁店 / 上海新华连锁书店港汇店 / 季风书园上海图书馆店 / "物心"K11 店 (新天地店) 广州 广州购书中心 / 新华书店北京路店 / 广东学而优书店 / 广州方所书店 / 广东联合书店 深圳 深圳中心书城 / 深圳罗湖书城 / 深圳南山书城 / 深圳西西弗书店 南京 南京市新华书店 / 凤凰国际书城 / 南京大众书局 / 南京先锋书店 天津 天津图书大厦 西安 陕西嘉汇汉唐书城 / 西安市新华书店 / 陕西万邦图书城 郑州 郑州市新华书店 / 生活·读书·新知三联书店郑州分销店 / 郑州市图书城五环书店 / 郑州市英典文化书社 浙江 博库书城有限公司 / 博库网络有限公司 (电商) / 庆春路购书中心 / 解放路购书中心 / 杭州晓风书屋 / 宁波市新华书店 山东 青岛书城 / 济南泉城新华书店 山西 山西尔雅书店 / 山西新华现代连锁有限公司图书大厦 湖北 武汉光谷书城 / 文华书城汉街店 湖南 长沙弘道书店 安徽 安徽图书城 江西 南昌青苑书店 福建 福州安泰书城 / 厦门外图书城 广西 南宁书城新华大厦 / 南宁新华书店五象书城 / 南宁西西弗书店 云贵川渝 贵州西西弗书店 / 重庆西西弗书店 / 成都西西弗书店 / 文轩成都购书中心 / 文轩西南书城 / 重庆书城 / 新华文轩网络书店 / 重庆精典书店 / 云南新华大厦 / 云南昆明书城 / 云南昆明新知图书百汇店 东北地区 新华书店北方图书城 / 大连市新华购书中心 / 沈阳市新华购书中心 / 长春市联合图书城 / 长春市学人书店 / 长春市新华书店 / 黑龙江省新华书城 / 哈尔滨学府书店 / 哈尔滨中央书店 西北地区 甘肃兰州新华书店西北书城 / 甘肃兰州纸中城邦书城 / 宁夏银川市新华书店 / 青海西宁三田书城 / 新疆乌鲁木齐新华书店 / 新疆新华书店国际图书城 台湾 绿野仙踪书店 机场书店 北京首都国际机场 T3 航站楼中信书店 / 杭州萧山国际机场中信书店 / 福州长乐国际机场中信书店 / 西安咸阳国际机场 T1 航站楼中信书店 / 福建厦门高崎国际机场中信书店 日本 东方书店